世界のエリートが学んでいる教養としての哲学

小川仁志
Hitoshi Ogawa

PHP

世界のエリートが学んでいる教養としての哲学

はじめに　教養はアタッシュケースの中に

教養ブームというと少し大げさかもしれませんが、たしかにいま教養と冠した書籍や雑誌の特集が増えているように思います。そもそも教養とは何なのでしょうか？一般には、幅広い知識を持っている人を指して、「あの人は教養がある」などといいます。でも、本来教養は、精神の成長を意味するものです。

これは教養を意味するラテン語のeruditioなどが、自然の中から自己を形成していくことを意味していた点からもうかがえます。英語で教養のことをcultureといいますが、この語には耕すという意味がありますね。つまり、精神の陶冶《とうや》こそが教養の真の意味なのです。そのためには、もちろん幅広い知識が求められるのは間違いありませんが、それだけでは足りません。精神を陶冶するには、自分の頭でしっかりと考える力が求められるのです。

今教養が求められている原因はここにあります。とりわけ21世紀は、グローバリゼーションやインターネットによって常識そのものが変わりつつあるため、何をするにしてもゼロからルールをつくったり、枠組みを考えたりする必要が生じています。**だから自分の頭で考える能力が求められるのです。**

ビジネスの世界もそうです。グローバリゼーションによってビジネス環境が激変し、これまでの常識や過去の経験では対応できないケースが増えています。また、変化があまりに激しいため、ＭＢＡなどで習う既存のビジネスツールでは追いつかないのです。

そんなとき頼りになるのは、自分の頭だけです。事態をしっかりと見極め、自分で判断していく。そういう力が必要なのです。そのためには当然幅広い知識が求められるのはいうまでもありません。しかしそれ以上に、身に着けた知識をベースにして、未知の問題に果敢に答えを出していく能力が不可欠といえます。

ではなぜ今「教養としての哲学」が求められるのでしょうか？　かつて私は近代ドイツの哲学者ヘーゲルの研究をしてきました。彼は主著『精神現象学』において、まさに精神の陶冶を主題にしています。人間の意識が成長していく内容ですから。その中でヘーゲルは、教養についても論じています。教養はドイツ語のＢｉｌｄｕｎｇという語で表現されるのですが、彼に言わせると、そのプロセスは精神が様々な事柄を経験し、徐々に鍛えられていくものだということになります。

それゆえ自分を疑い、否定することが大きな意味を持ってくるのです。自分を疑うことではじめて、私たちは新たな世界を開き、精神を鍛えることができるからです。そしてそれを可能にする学問こそが哲学にほかならないのです。

さて、皆さんは哲学の基礎知識がありますか？　ない？　え、必要ない？　たしかに日本ではそうかもしれません。でも、欧米を中心に、世界では西洋哲学が当然のように学校で教えられ、フランスなどでは大学受験の必須科目にすらなっています。**したがって、グローバルに活躍する世界のエリートは哲学の基礎知識があるのが当たり前なのです。もっというと、彼らにとって西洋哲学の知識は必須なのです。**

たとえば、ペイパルの共同創業者で投資家でもあるピーター・ティールは、フランスの哲学者ルネ・ジラールの『世の初めから隠されていること』を愛読書にしているそうです。ある雑誌のインタビューで語っていました。ジラールは現代の哲学者ですから、当然彼の著作には、古代ギリシア以来の哲学の知見がちりばめられています。だからそれを知らないと読み解けません。ということはつまり、ティールにも哲学の基礎知識があるということです。ヨーロッパにはこういう人がたくさんいます。

先ほどフランスでは哲学は大学受験の必須科目だと書きましたが、これはよく考えると大変なことです。もしセンター試験で哲学が必須科目になったとしたら大変ですよね。正確にいうと、フランスでは哲学は高校で必修になっており、大学入学資格を得るための全国統一国家試験バカロレアで全員が難問に対峙しなければならないのです。しかも日本のセンター試験とは異なり、この哲学の問題は、自由や平等の意味について数時間もかけて考えさせる仕組みになっています。本当に哲学させられるのです。

そうなると、彼らは当然日ごろからそのための準備をします。授業でも機械のように知識を暗記するだけではなく、じっくり考え、徹底的に討論するわけです。日本ではそのようなことは大学でもあまりやらないのですが、フランスでは子どものころからやらせます。その究極の例といっていいのが、幼稚園で哲学の授業の実験をしたドキュメンタリー映画『小さな哲学者』でしょう。彼らは幼いながらも、段階を経て、愛することの意味や、考えることの意味について徐々に哲学するようになります。

誰でも一流の学者たちから哲学を学べる場、国際哲学学院がフランスで創設されたのもうなずけます。ちなみにその初代院長は、本書にも登場する哲学者ジャック・デリダです。

ヨーロッパの場合、陸続きなので、昔から哲学者も様々な国を行き来しています。イギリスもそう大陸と離れてはいません。したがって、フランスやドイツに限らず、そこらじゅうに哲学の伝統があるのです。たとえばデンマークにもキルケゴールのような哲学者がいますし、オランダにはスピノザが、イギリスにもベーコンやロックがいます。

そしてヨーロッパ移民によって建国されたアメリカもまた、不可避的にその哲学の伝統を引き継いでいるのです。アメリカの大学はヨーロッパの大学を真似てできていますから。教育においても同じような内容になってくるわけです。

もちろんその反面で、ヨーロッパ的な古い伝統と決別しようとした側面もあります。だからこそ実践を重んじるプラグマティズムや、リベラリズムのような政治哲学が新たに花開いたのでしょう。しかしそれらの学問的基礎には、明らかにヨーロッパで育まれてきた哲学の伝統が横たわっているといっていいでしょう。

アメリカのリベラリズムは、イギリスのロックやJ・S・ミルらの確立した自由主義の延長線上にあるのですから。そして彼らもまた、大学の枠にとどまらず、街の中で盛んに哲学的議論をします。表面的には政治の話が多いのですが、私にいわせるとあれは十分哲学の議論です。私はかつてアメリカのプリンストン大学で研究をしていたのですが、まるで大学でやっている議論と同じような話が、普通の人たちとの会話の中で展開されるのです。

ビジネスの交渉の場では直接的にはそのような話にはならないでしょうが、随所に哲学用語や哲学者の名前が出てくることはあります。教養あるエリートほどその使用頻度は高くなります。それは私たち日本人が、よく日本史に出てくる関ヶ原の戦いや薩長同盟の話を比喩として用いるのと同じです。日本人の場合、日本史の知識は結構あります。小学校から高校まで習うだけでなく、テレビドラマでも偉人が取り上げられたりするからでしょう。だから頻繁に引用するのです。

それと同じことを西洋の人たちは哲学の知見を使ってやるわけです。いかがでしょうか、その意義がようやくわかっていただけたでしょうか。つまり、その比喩の意味がわからなければ、文脈を読みそこなうのです。それはビジネスの成否にも直結しかねません。まして宴会ともなれば、もう制限を解除したかのごとく、会話の中で西洋哲学の知識が飛び交います。

もしそれに気づいていないとすれば、それは自分に知識がないからでしょう。そして大きな損をしていることになります。ビジネスにおいて情報は宝です。その情報を正確にキャッチできていないとなれば、こんなに残念なことはありません。

さて、ではなぜ西洋の人たちはそんなに哲学の知識を重視するのでしょうか？ ずばりいうと、役に立つからです。いくらかっこよくても、知識があっても、役に立たなければ重視しないでしょう。使うこともありません。仮に使っても嫌味なだけです。哲学が頻繁に登場するのは、実際に有益だからです。

そもそも哲学とは、物事の本質を批判的、根源的に探究する営みだといえます。批判的にというのは、疑ってということと同じです。物事の本質は暴く必要があるほど隠れているわけですから、まずは疑うことから始めなければならないのです。しかも、その疑うという行為を繰り返す必要があります。

そこで根源的に思考する必要が出てくるのです。**たった一度疑うというのではなく、これでもかというほど徹底的に疑うことで、ようやく本質までたどり着くのです。**そうやって物事の本質を知ることができれば、騙されたり失敗したりすることはなくなります。つまりビジネスの成功につながるわけです。西洋の人たちが哲学を重んじる所以です。

ひるがえって日本の現状はどうでしょうか。残念ながら日本では、中学校や高校はおろか、大学でも選択科目に入っていないことが多々あります。そのため、ほとんどの人が基礎知識すら持ち合わせていないのです。日本のビジネスパーソンもグローバルに仕事をするこの時代、はたしてそれでいいのでしょうか？　今こそ哲学をビジネスのための教養として学んでおく必要があるといえるのではないでしょうか？

本書では、そんなグローバルビジネスに必須と思われる哲学の教養を、ビジネスのためのツールとして位置付け、紹介していきます。この1冊をマスターすることで、効率的に教養としての哲学を身につけることができるのです。

具体的には、以下の7つのツールを身につけておく必要があります。

ツール1の押さえておくべき「哲学史」では、ざっくりと二千数百年の哲学史を振り返ります。何事も流れを押さえておくことが必要だからです。この知の歴史の中にそれぞれの項目をマッピングしていただければと思います。

ツール1

歴史

——押さえておくべき「哲学史」

ツール2

思考

——ビジネスに使える「思考法」

ツール3

古典

——読んでおくべき「名著」

ツール4

名言

——相手の心を打つ「名フレーズ」

ツール5

関連知識

——プラスαの「関連する知識」：宗教、倫理、日本の思想

ツール6

人物

——マークしておくべき「重要人物」

ツール7

用語

——知っておくべき「必須の用語」

ツール2のビジネスに使える「思考法」では、拙著『7日間で突然頭がよくなる本』（PHPエディターズ・グループ）や『問題解決のための哲学思考レッスン』（祥伝社新書）から、ビジネスシーンに必須と思われる哲学的思考法を20個厳選し、その応用方法と共に紹介しています。必須と思われる思考法の中には、「必須の用語」と重なるものも多いのですが、ここでは最重要のものを除き、できるだけ重複しないよう配慮しています。

これは全体を通じて言えることなのですが、著名な用語は、思考法としても重要で、かつそれが登場する著書も必須で、さらにそれが名フレーズであったりします。したがって、いくつか重複も出てきますが、そこは様々な角度からその重要な概念を知ることができると思ってご理解いただけると幸いです。

ツール3の読んでおくべき「名著」では、必須の古典の中から、特にビジネスに必要と思われるものを20冊厳選し、その内容を紹介しています（参照：拙著『すっきりわかる！　超解「哲学名著」事典』（PHP文庫））。

ツール4の相手の心を打つ「名フレーズ」では、拙著『入社一年目に出逢いたい哲学者の言葉』（TOブックス）で紹介した名フレーズの中から、特にどのビジネスパーソンにも必要と思われるものを20個厳選して紹介しています。

ツール5のプラスαの「関連する知識」：宗教、倫理、日本の思想では、その他として哲学と密接に関連し、かつ海外でのビジネスには不可欠な宗教の知識、そして倫理とりわけ応用倫理、さらにグローバルに活躍する日本人ビジネスパーソンに必須の日本思想を紹介しています。

ツール6のマークしておくべき「重要人物」では、最重要と思われる必須の哲学者20人を選んで紹介しています。さらにその人物がビジネスの場面でどのように言及されるのかについても示しておきました。

ツール7の知っておくべき「必須の用語」では、拙著『すっきりわかる！　超訳「哲学用語」事典』（ＰＨＰ文庫）から、ビジネスシーンに必須と思われる20個を厳選し、さらに使用例を記載しました。

実は、これらの7つのツールは、決して適当に選んだわけではありません。もちろん、項目的に必要十分だからということもあるのですが、それ以外にも7つに分けたのには大きな理由があります。それは、同じ物事でも、異なる視点から見ることによって見え方が異なってくるからです。そして見え方が異なれば、当然違ったものとして使うことができます。

そこで本書では、あえて複数の視点にこだわっています。複数の視点で見ることによってはじめて、物事の全体像を客観的につかむことができると考えるからです。

哲学についても、哲学史だけを学んだのでは、時間の流れでしか思想をとらえることができません。あるいは、名フレーズだけを学ぶと、どうしても言葉の強い印象ばかりが残ってしまうのです。しかし、**哲学はもっと大きな、いわば総体的な存在です。その全貌をつかむためには、複数の視点でアプローチする必要があるのです。**

とはいえ、私たちの時間は限られています。よほどの哲学好きでない限り、哲学ばかりに時間をとるわけにはいかないのです。哲学史の本を読んで、思考法の本を読んで、名フレーズの本を読んで、用語集も……などというのは不可能です。

そのような理由で、本書では哲学にあらゆる視点からアプローチし、それを1つのパッケージとしてまとめたわけです（次頁の図参照）。したがって個々のツールでは簡便性を重視して、できるだけシンプルな記述を心がけていますが、一冊を通して読んでもらうと、哲学の重みがずっしりと伝わってくるのではないでしょうか？

《 複数の視点で見ることで物事の全体像をつかむ 》

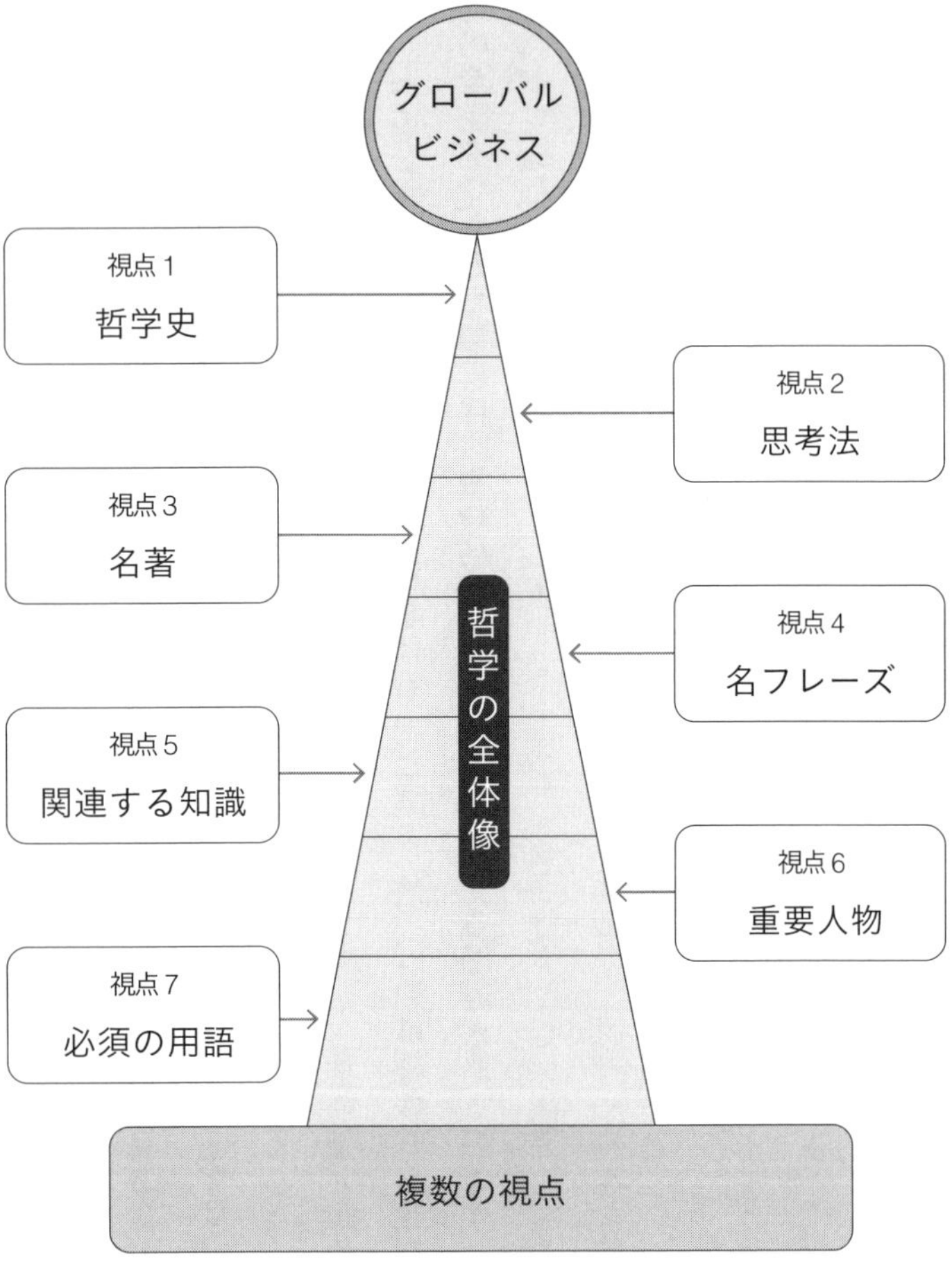

すでにお気づきかもしれませんが、本書はこれまで私が書いてきた『7日間で突然頭がよくなる本』や『すっきりわかる！　超訳「哲学用語」事典』をはじめ、**ビジネスパーソンに向けた哲学啓発書のベスト&ロングセラーの集大成といってもいい作品です。だから数冊分のエッセンスが凝集されているわけです。**

さらにそこにグローバルビジネスを意識したアレンジをほどこしていますので、その意味で本書は、まさにグローバルに活躍しようと考えているビジネスパーソンに「教養としての哲学」を提供する一冊だといえるでしょう。

実際、本書で取り扱った7つのツールは、いずれもグローバルビジネスのシーンでは基礎の基礎といっていい必須の事項です。日々グローバルビジネスに携わる方、学生さんを含め今後そうした可能性のある方は、ぜひ一読しておいてください。きっと役に立つシーンに出くわすはずです。また、一度読んだだけではすべて覚えられるものではないので、海外出張の際にはこの1冊をアタッシュケースの中にしのばせて、万全の態勢で臨んでいただければと思います。

あたかもパソコンや電子辞書などのビジネスツールをそろえるかのごとく、教養を詰めこんでおくのです。そう、教養はアタッシュケースの中に！

世界のエリートが学んでいる教養としての哲学　目次

ツール
3

古典

読んでおくべき「名著」——87

の「無知のヴェール」／思考法としての「唯名論」／思考法としての「カテゴリー論」／思考法としての「構造主義」／思考法としての「上部下部構造」／思考法としての「権力論」／思考法としての「超人思想」／思考法としての「根源的時間」／思考法としての「強度」／思考法としての「身体論」／思考法としての「言語ゲーム」／思考法としての「他者論」／思考法としての「コミュニケーション的理性」／思考法としての「主体化」／思考法としての「無知の知」／思考法としての「弁証法」／思考法としての「否定弁証法」／思考法としての「道具主義」

『ソクラテスの弁明』／『ニコマコス倫理学』／『社会契約論』／『自由論』／『道徳感情論』／『方法序説』／『純粋理性批判』／『精神現象学』／『幸福論』／『パンセ』／『エセー』／『プロテスタンティズムの倫理と資本主義の精

神』／『資本論』／『存在と無』／『コミュニケーション的行為の理論』／『正義論』／『監獄の誕生』／『全体主義の起原』／『君主論』／『野生の思考』

ツール
4

名言

相手の心を打つ「名フレーズ」——129

幸福が善ならば、その最大の分量すなわち最大多数の幸福が何よりも選ばれるべき目的、道徳的善である。／自分の身を守ろうとする君主は、よくない人間にもなれることを、習い覚える必要がある。／人は女に生まれるのではない。女になるのだ。／人間は本性的にポリス的動物である。／人間は動物と超人のあいだに渡された一本の綱だ。／万物は流転する。／我思う、ゆえに我あり。／人間は一本の葦にすぎず自然の中ではもっとも弱い者である。だがそれは考える葦である。／人間の知と力とは合一する。原因が知られなくては結果は生じないからである。／心は、言ってみれば、文字をまったく欠いた白紙で、観念は少しもないと想定しよう。／汝の意志の格率が、常に立法の普遍的な原則に合致するように行為せよ。／理性的なものは現実的であり、現実的なものは理性的である。／事物はゲームにおいて以外には何ら名をもつことがない。／私は、自分が無知であることを知っていることで、より賢明であるらしい。／人間は自由なものとして生まれた。しかるに、いたるところで鎖につながれている。／われわれは気づかぬうちに、何がなされたり回避されたりするのにふさわしく適切であるかについての一般的諸規則を心の中に形成する。／絶望は、死病にとりつかれているものに似ている。このものは、そこに横たわりつつ死に瀕しているが、死ぬことはできないのである。／実存は本質に先立つ。／誰もが自分の前を見つめるが、私のほうは自分の中を見つめる。／メディアはメッセージ。

ツール5

関連知識

ツール6

人物

ツール 1

歴史

押さえておくべき「哲学史」

《大づかみでわかる哲学史》

古代ギリシア

フォアソクラティカー

タレス　ヘラクレイトス　デモクリトス　ピタゴラス

↓

古代ギリシアの三大哲学者

ソクラテス
↓
プラトン
↓
アリストテレス

↓

ヘレニズム期

ゼノン　エピクロス

↓

中世

キリスト教哲学

アウグスティヌス → トマス・アクィナス

↓

ルネサンス期

マキャヴェリ　ピコ・デラ・ミランドラ

↓

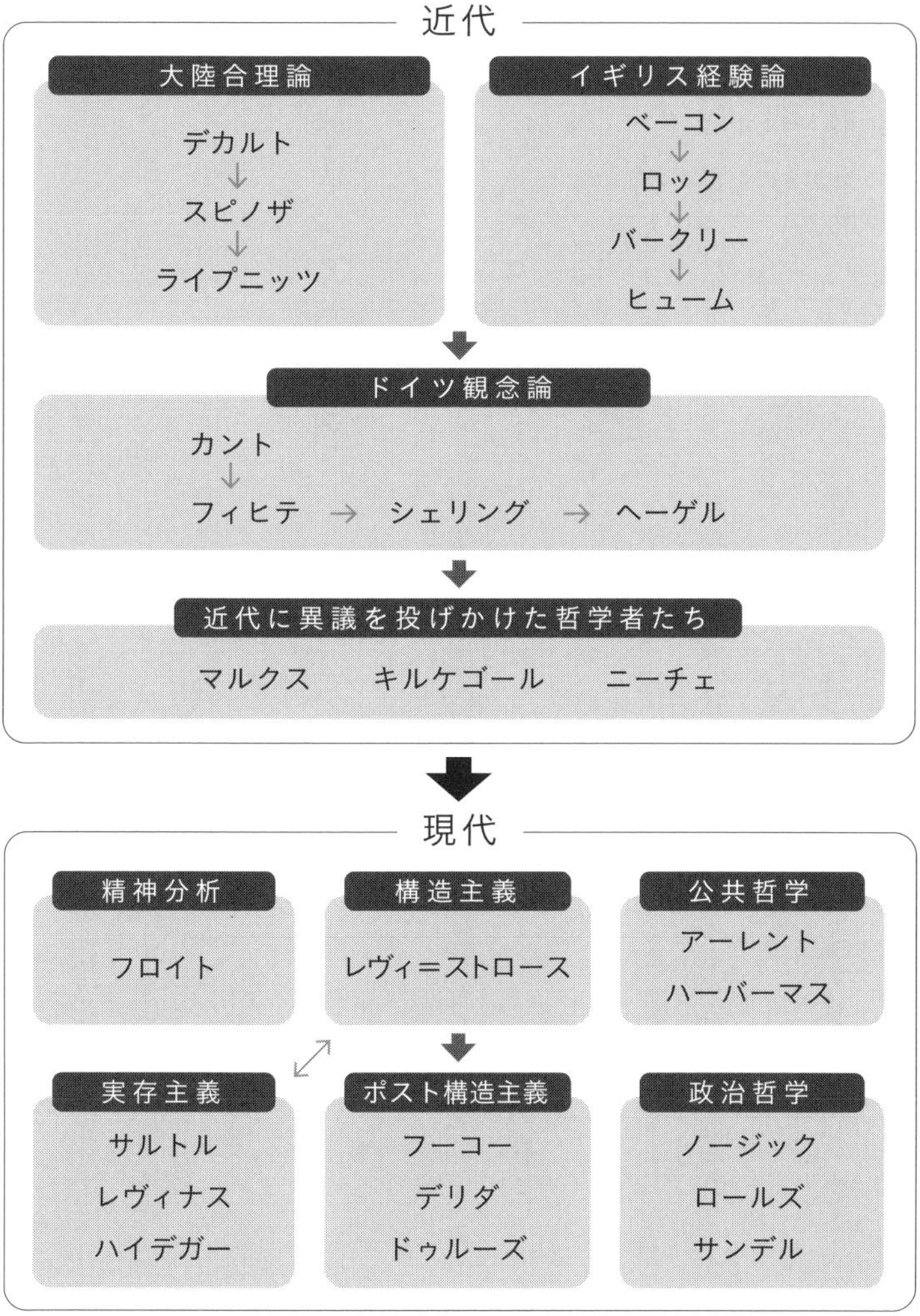
近代
大陸合理論
デカルト
スピノザ
ライプニッツ
イギリス経験論
ベーコン
ロック
バークリー
ヒューム
ドイツ観念論
カント
フィヒテ
シェリング
ヘーゲル
近代に異議を投げかけた哲学者たち
マルクス
キルケゴール
ニーチェ
現代
精神分析
フロイト
構造主義
レヴィ＝ストロース
公共哲学
アーレント
ハーバーマス
実存主義
サルトル
レヴィナス
ハイデガー
ポスト構造主義
フーコー
デリダ
ドゥルーズ
政治哲学
ノージック
ロールズ
サンデル

ツール1では、押さえておくべき哲学の歴史をざっと紹介していきます。いわば知のマップです。古代ギリシアにまでさかのぼることのできる西洋哲学史は、大まかに古代ギリシア、中世、近代、現代という4つに区分して整理するのがわかりやすいと思います。それではさっそくこの分類にしたがって紹介していきます。

▼古代ギリシアの哲学

哲学の歴史は古代ギリシアに始まります。古代ギリシアは歴史もダイナミックで、神話も有名ですから、この時代のことをよく知っていることが、教養あるビジネスパーソンの第一関門であるといっても過言ではないでしょう。

さて、哲学という営みは、ソクラテスという人物によって始められました。ただ、それ以前にも、世界の成り立ちを説明するために、ソクラテス以前の哲学者たちが、哲学を行っていたのはたしかです。そこから見ていきましょう。

彼らは、まさに「ソクラテス以前の人たち」を意味するフォアゾクラティカーなどと呼ばれたりします。あるいは、彼らが主に自然の本質を明らかにしようとしていたことから、自然哲学者などとも呼ばれます。

自然哲学者たちは、万物の根源であるアルケーを求めて、自然現象を解明しようとしました。たとえば、最初の哲学者と言われるタレスは、水こそが万物の根源であると主張しました。「万物は流転する」という表現で有名なヘラクレイトスは、火が万物の根源であるとしました。

あるいはデモクリトスは、原子こそが万物を構成しているとしました。彼の原子論は、後に近代科学によって証明されます。また「三平方の定理」で有名なピタゴラスは、数によってすべてを説明することが可能だとしました。

こうしたソクラテス以前の哲学者たちによる知の探究が前史としてあって、そのうえに哲学の父ソクラテスやプラトンといった私たちのよく知るギリシアの哲学者たちが登場してきたのです。

ソクラテスが哲学の父と称されるのにはそれなりの理由があります。それは彼が知（ソフィア）を愛する（フィロス）という意味のフィロソフィーという言葉、つまり哲学の命名者であること、そして何より、彼が哲学の手法を確立したことにあります。

つまりソクラテスは、対象を批判的に検討することで、物事の本質を暴き出すとい

う哲学の手法を確立したのです。具体的には「無知の知」に基づく「問答法」によって、決して知ったかぶりをすることなく、相手に質問を繰り返したのです。そうして相手自身の口から真理を導かせることに成功しました。

何が問題なのかを知るには、まず自分が謙虚にならなければなりません。そのうえで、正しさを導くために、他者と対話をすることが求められます。ソクラテスの教えは、その基本を伝えるものといえます。

当時は、徳の教師を意味するソフィストたちが、物事の本質を教えていました。彼らはソクラテスの無知の知とは対極的に、なんでも知っているといわんばかりの傲慢な態度をとっていたのです。ソクラテスは、そんなソフィストを批判し、人々に自分の頭でしっかりと考えるよう説きました。この権力をも臆することなく批判する態度が危険視され、残念ながら最後は裁判にかけられ死刑になってしまいます。

ソクラテスによって誕生した哲学は、弟子のプラトンやそのまた弟子のアリストテレスに引き継がれます。プラトンによると、物事の本質である「イデア」はこの現実の世界ではなく、むしろ理想の世界にあるといいます。だから目の前の現実にごまかされず、理想の世界にある真理を追求することこそが、望ましい態度だとされたわけです。真理はいつも隠れています。つまり、それを見つけるための心の目を鍛えることが重視されたのです。

そのことを説くために用いられたのが、有名な洞窟の比喩です。洞窟の中で、囚人が太陽を背にして壁に向かって座らされています。その状態で、たとえば壁に映ったおもちゃの馬の影絵を見せられると、あたかも本物の馬の影のように騙されてしまうというのです。**これは日ごろ私たちが見ているものも、実はこの壁に映った影絵と同じだという比喩です。だから心の目で見ないと真理は見えないというわけです。**

アリストテレスはその逆で、現実にこだわりました。特に彼の共同体論とそこにおける倫理は、物事の本質を考えるうえで私たちに現実的な視点を提供してくれます。それは、物事のほどほどの状態を意味する「中庸」という視点です。アリストテレスは、古代ギリシアの都市国家ポリスの存在を重視しました。ポリスにおける共同生活、そしてそこで育まれる倫理こそが彼の思想の基本にあったのです。

ポリスの中では、誰もが互いに助け合って生きなければなりませんでした。したがって、行動の規範となる道徳が極端なものであっては誰も納得しないでしょう。つまり、極端で非現実的な価値観や行動よりも、中庸が求められた時代だったといえます。いわば中庸こそが道徳だったのです。もちろん、何が中庸に当たるのかは予め与えられるわけではなく、共同生活の中で話し合ったり、行動する中で生み出されていったわけですが。その後アレクサンドロス大王の遠征によってポリスは崩壊し、新しい価値観を求めてヘレニズム期の哲学が生まれます。代表的なのはゼノンを創始者とするストア派や、エピクロスを創始者とするエピクロス派です。立場は違えど、彼らは皆心の平穏に幸福を見出していたといえます。

▼中世の哲学

中世に入ると、キリスト教が幅をきかせます。キリスト教の話は、西洋の人たちとビジネスをする上では必須の知識となってきます。したがって、しっかりと押さえておいていただきたいと思います。

この時代、哲学の役割は、いかにキリスト教と哲学を融合させるかということに重点が置かれていました。ここではアウグスティヌスとトマス・アクィナスという2人の哲学者を押さえておけばいいでしょう。アウグスティヌスは古代の人といってもいいいのですが、両者はよく対比されるので、便宜上セットで扱います。

アウグスティヌスはプラトンの二元論的世界観（世界は、理想と現実の2つに分かれるという考え）を、トマス・アクィナスはアリストテレスの目的論的世界観（もともと現実の中にある可能性が、目的に向かって成長していくという考え）をキリスト教の世界に援用しました。

ここで現代においても参考になるのは、彼らが宗教と哲学を衝突するものではなく、整合するものであると説いた点です。というのも、当時は神を信じる宗教に対して、哲学は別の真理を追究するものであるかのように思われていたからです。しかしアウグスティヌスらは、両者は正しさ＝真理を追究するという意味で、同じ目的を持った営みであると説明しました。

このようにキリスト教に取り込まれる形で、哲学はなんとか暗黒の時代を生き延び、人間性の復興を訴えるルネサンス期に至って、ようやく復活の兆しを見せます。ルネサンスはフランス語で復興や再生を意味しますが、よく言われるように古代文芸の復興だけでなく、まさに人間性の復興を目指していたのです。

ルネサンス期の思想の特徴が、人文主義（ヒューマニズム）だとされるのは、そうした理由からです。人間が素晴らしいことを示すためには、やはり人間の無限の可能性を提示するのが一番です。だからこの時期は、万能人と呼ばれるマルチタレントな人たちが英雄になったのです。たとえば、画家であり、建築家であり、自然科学者でもあったレオナルド・ダ・ヴィンチのように。

あるいは、自由意志が人間に無限の可能性を与えると説いたピコ・デラ・ミランドラや人間の本質に鑑みて現実主義的な政治理論を創始したマキャヴェリもルネサンス期を代表する思想家です。こうしたルネサンス期の人間讃歌をはずみにして、近代の哲学が花開いていったのです。

▼近代の哲学

いわば近代は哲学のメインディッシュです。西洋人が一番誇りを持っている時代なので、私たちもしっかりと見ておく必要があります。

近代では、まずその入り口でフランスのデカルトが「我思う、ゆえに我あり」という言葉と共に「私」の意識中心の哲学を発見し、それを徐々に発展させていきます。

言い方を換えると、主観と客観が分離されたわけです。**ここにおいて、真理とは私たちの意識が決めるものであるという前提が確立されます。**

その際、「私」の意識はどこから来るのかをめぐって、デカルトに端を発する大陸合理論と、ベーコンあるいはロックに端を発するイギリス経験論が対立します。前者は生まれながらに人が持っている観念である「生得的観念」を認めようとするのに対して、後者はそれを否定します。知識は生得的なものではなく、経験に基づくと考えるからです。

その後大陸合理論は、スピノザ、ライプニッツといった哲学者たちに批判的に継承され発展を見ます。そしてイギリス経験論もまた、バークリ、ヒュームといった哲学者たちに継承され、近代哲学の二大潮流を築き上げます。

そうした対立を和解に導き、近代哲学の金字塔を築き上げたのが、ドイツの哲学者カントでした。カントは「現象」と「物自体」という2つの次元で物事を認識すべきだと訴えました。つまり、人間に認識できる世界とそうではない世界があると主張したのです。そうして時間と空間という分類をはじめとした、カテゴリーと呼ばれる物事を認識する際の判断基準表を提示したのです。

ドイツでは、そんなカントの影響を受けた哲学者たちが18世紀末から19世紀初頭にかけて華々しく活躍し、人間の理性に信頼を寄せる「ドイツ観念論」という一派を形成しました。カントに見出されたフィヒテ、その後の世代のシェリング、ヘーゲルなど。近代哲学の中心地はドイツだったといっていいでしょう。中でもその完成者といわれるのがヘーゲルです。

彼は、問題点を切り捨てずに発展させるという弁証法の論理を使って、人間の意識を「絶対知」なる最高段階にまで高めたのです。つまり経験や勉強によって、人間はなんでも知ることができるというわけです。

デカルトが特権化した意識という存在が、ヘーゲルに至ってついに万能の理性にまで昇華したのです。換言するなら、中世以来人々を支配してきた神から独立し、人間は完全に主体的な存在として、自分の力で主体的に物事を判断できるようになったわけです。

頂点を極めてしまった哲学の営みは、その後ヘーゲルに対する批判から再出発します。社会主義を唱えたマルクスや、自分で道を切り開くという意味で実存主義の走りであったキルケゴールなどを挙げることができます。あるいはキリスト教道徳に依存する西欧近代社会を批判したニーチェもその一人といえます。彼らは皆、近代という時代に異議を投げかけたのです。

▼現代思想

そうして哲学は現代思想の段階に入っていきます。まさに今ビジネスパーソンが現在進行形で格闘している時代です。

一言でいうと現代思想とは、「私」の意識を中心とする近代の哲学を乗り越えようというプロジェクトにほかなりません。たとえば、精神分析の父フロイトが無意識の存在を証明した時点で、「私」の意識の絶対性は大きく揺るがされました。そうして次々と新しい視点が登場し、近代哲学の問い直しを始めたのです。

物事を構造のなかで客観的にとらえようとするレヴィ＝ストロースの構造主義は、そんな問い直しの典型であるといっていいでしょう。たしかに、真理は理性的に決められるものばかりではなく、レヴィ＝ストロースが明らかにしたように、未開民族の「野生の思考」のなかにも存在するのです。

つまり、一見遅れていると思われがちな未開民族の風習が、きわめて合理的で高度なものであったり、適当に作ったとしか思えない「ブリコラージュ」と呼ばれる一群の工作物が、意外にしっかりとしたものであったりするというのです。**そうして理性の結晶である近代文明の絶対性を疑うことで、別の真理を示しました。**

現代思想は、近代の後という意味で、ポストモダンと呼ばれます。近代までの哲学には、「私」の意識を中心とした、絶対的に正しい唯一の答えに向かう傾向があったのに比べて、現代思想は必ずしもそのような答えを求めようとはしません。反対にそうした傾向を危険視し、バラバラのままに、つまり差異をそのままにしておこうとするのです。いわば真理はいくつも存在しうるのです。ポスト構造主義と呼ばれるフランスのフーコーやデリダ、そしてドゥルーズなどがその旗手といえます。現代思想はフランスの時代でした。

それから、ポストモダンとは少し異なりますが、差異という意味で他者の存在を重視したレヴィナスも、「私」中心の思想を超えるものとして見逃せません。**「私」が絶対ではないとすると、必然的に他者の存在に目を向けざるを得ないからです。**

このレヴィナスもそうなのですが、20世紀にもう一つ花開いたのは、実存主義の思想でした。自分で人生を切り開くことを訴える実存主義は、世界の構造自体を問題にする構造主義と対立する側面もあります。たとえば、積極的に社会にかかわるという意味のアンガージュマンを説いたフランスのサルトルや、存在の意味を探究したドイツのハイデガーを挙げることができます。

現代思想のもう一つの側面として、最後に政治哲学と公共哲学について簡単に紹介しておきたいと思います。政治哲学とは、自由と共同体のあり方をめぐる議論のことです。具体的には、自由をより重視するリバタリアニズムとリベラリズム、これに対して共同体を重視するコミュニタリアニズムの対立です。それに加えて、地球規模でこの問題をとらえるコスモポリタニズムが関係してきます。これらの思想は近代国家成立と共に誕生したわけですが、20世紀になってようやく本格的に理論化されたといっていいでしょう。

リバタリアニズムというのは、自由尊重主義とも訳される政治哲学の用語です。そして、リバタリアニズムを主張する人たちをリバタリアンといいます。一般的には個人の自由や選好を最大限尊重する極端な個人主義の立場を指します。自由であればあるほど正しいと。ただし、その実態は幅広く、国家さえなくていいとする立場から、ある程度の国家のかかわりを認める立場まで色々なタイプのリバタリアンがいます。

中でも1970年代、ハーバード大学の哲学者ノージックが、「最小国家論」を唱えて注目を浴びたのが、この思想が広まったきっかけともいえます。最小国家というのは、国家を廃止しないまでも、その役割を国防や裁判、治安維持といった最小限にとどめようという主張です。

つまり、リバタリアニズムは政府に対して不信感を抱いているわけです。その一方で、市場には絶大なる信頼を寄せます。市場は、自発的な交換を本質とする道徳的な制度だというのです。この思想が個人主義の国アメリカで人気があるのもよく理解できます。

これに似て非なる思想がリベラリズムです。自由主義と訳されることもありますが、誤解を招かないように、そのままリベラリズムと表記することが多くなっています。もともとは、生命・自由・財産という人が生まれながらにして有している「自然権」を、権力の恣意的な行使から守るべきだという思想にさかのぼることができます。これは古典的自由主義といって、17世紀のロックによって主張された思想です。

その後、この思想は19世紀のJ・S・ミルの『自由論』に受け継がれます。ミルは古典的自由主義の内容を、他人に危害を加えない限り保障されるものだという形で表現しました。いわゆる「他者危害の原理」です。ここからもわかるように、本来リベラリズムは価値の中立性を意味しています。要は、人に迷惑をかけない限りは正しいというのです。

最も、実際には現代社会では、リベラリズムは単なる中立的価値を表すものではなく、積極的に人々の自由を促進する思想として掲げられてきました。その背景には、資本主義の進展があります。貧富の差からいかに人々を救うかが、思想の面でも課題になっているのです。

現代リベラリズムの旗手ジョン・ロールズの『正義論』もそのひとつです。福祉国家型自由主義、あるいは平等主義的な自由主義といっていいでしょう。単に自由なだけでなく、公正にも配慮することが真の正しさだということです。このようにリベラリズムは、時代の変化に応じる形で21世紀のいまもなお進化し続けています。

そのリベラリズムと激しい論争を展開したのが、コミュニタリアニズムという思想です。コミュニタリアニズムというのは共同体を重視する立場で、共同体主義と訳されることもあります。１９８０年代前半、個人の権利を重視するリベラリズムの立場が席巻するアメリカで、その風潮を批判する一連の著作が発表されたのがきっかけです。

その急先鋒がハーバード大学の政治哲学者サンデルです。サンデルは、『自由主義と正義の限界』という本の中で、当時のリベラリズムを代表する巨人ロールズの『正義論』を批判しました。ロールズの想定する個人は、共同体のしがらみから解き放たれた非現実的な「負荷なき自我」であって、実際の人間はもっと他者との関係によって縛られた「状況づけられた自我」だと主張したのです。

そもそもロールズは、複雑な現代社会では「共通善」を見出すことは難しいとして、善に対する正の優先、つまり適正な手続きの優先を訴えていました。これに対してサンデルは、むしろその共通善を模索することにこだわったのです。誰もが他者との関係によって縛られているからこそ、その共同体の中に共通する「善」があるはずだと。

サンデルだけではありません。この時期、ほかにもマッキンタイアの『美徳なき時代』やウォルツァーの『正義の領分』、テイラーの『哲学論文集』、エツィオーニの『ネクスト』などが、同じように共同体における共通善の意義を訴えて、コミュニタリアニズムの議論をリードしました。

もちろん彼らの思想はそれぞれ微妙に異なっており、ひと括りにすることはできません。しかも彼ら自身、自らをコミュニタリアンであると認めないことさえあります。しかし、何らかの形で、地域や学校、職場など、ローカルな共同体における共通善を実現しようと努める限り、やはりそこには共通する思想があるように思われます。

ただ、現在コミュニタリアニズムと対置されるのは、リベラリズムよりもコスモポリタニズムという思想でしょう。これは「世界市民主義」とも訳されるように、国家の枠を越えて世界全体を人類が住んでいる共通の場所ととらえる立場です。コスモポリタニズムを主張する人たちをコスモポリタンといいます。

このような発想をすることで逆に、コミュニタリアニズムのように国をはじめとする共同体単位ではなく、個人単位で正義や幸福を考えることが可能になります。**つまり、世界規模で考えると、もはや一国の正義やある共同体全体にとっての幸福など問題にはならないのです。**それよりも、ひとりの人間にとって何が正義になるのか、あるいは何が幸福なのかを問うことこそが重要になってくるわけです。

この発想自体は古代ギリシアの時代からあるものですが、先ほども書いたようにとりわけアレクサンドロス大王が帝国を樹立して以降、都市国家ポリスが崩壊し、現実味を帯びるようになりました。特に、すべての存在者は理性によって支配されていると考えるストア派にとっては、そもそも国家の枠は重要ではないため、コスモポリタニズムこそが人間の理性に沿った生き方であると考えられました。

中世や近代以降は、コスモポリタニズムは、平和の樹立のための思想として位置づけられていきます。『永遠平和のために』を著したカントの啓蒙主義もそのひとつといえます。

現代では、貧困問題をはじめとしたグローバルな正義を実現するための政治思想として、国家単位ではなく個人を主体に正しさを考えるコスモポリタン・リベラリズムが唱えられています。

次に、公共哲学という区分で論じられる哲学もいくつか紹介しておきましょう。まずは「コミュニケーション的行為の理論」を掲げて討議倫理のパイオニアとなったドイツの哲学者ハーバーマスを押さえておく必要があります。彼は人間を道具にしてしまう「道具的理性」に対置する形で、「コミュニケーション的理性」を唱えたのです。

そしてコミュニケーションの場としての公共圏の意義を訴えました。『公共性の構造転換』の中では、市民が相互に議論する「市民的公共性」の歴史的意義を説き、『事実性と妥当性』の中では、NPOや市民フォーラムといった現代的アソシエーションが担う「自律的公共圏」の活動を重視しています。こうしたハーバーマスの思想に依拠するならば、対象となる物事が当事者の間できちんと討議されているかどうかが、正しさの基準になるわけです。

その公共圏についてハーバーマスに示唆を与えたのが、アメリカに亡命して活躍したユダヤ系の女性現代思想家アーレントです。彼女自身、ナチスの全体主義の犠牲になった経験から、「私」と「他者」の間の区別がなくなってしまう世界を痛烈に批判しました。そして異質なものの存在を認めること、すなわち視点の複数性の意義を訴えました。これが確保されているかどうかで、正しいかどうか決まってきます。

同時に、積極的に意見を主張することの大切さも唱えています。すべてが一色に染まってしまう全体主義とは、誰もが公的なものに無関心な大衆社会の裏返しでもあるからです。現にアーレントは、複数の市民が自由に言論活動を展開する古代ギリシアのポリスのような空間を理想として掲げています。

それは『人間の条件』の中で、人間の営みを労働、仕事、活動の3種類に分け、特に政治的活動を意味する3つ目の「活動」を重視していることからもうかがえます。**正しさは決して一様ではなく、複数の人間がいるところでは必ず多様なものになるはずなのです。**ところが、労働や仕事に明け暮れ、誰も政治的活動をしなくなってしまうと、知らぬ間にある一つの正しさだけが押し付けられてしまうことになるということです。まさに21世紀の今、現代日本社会にも当てはまる警鐘といえます。

まとめ

私たちは時間の流れの中で物事を位置づける習慣があります。最初に哲学史を取り扱ったのもそうした理由からです。今ざっと二千数百年の知の歴史を振り返ってきたわけですが、ぜひこの時空間のマップの中に、重要人物や用語、古典などの知識を落とし込んでいただければと思います。

序章で「パースペクティブ思考」を紹介しましたが、物事は複数の視点から見てはじめて全貌がつかめるものです。以下の章は、ここで学んだ哲学史を様々な角度から検証し、肉づけするつもりで読んでいただけると幸いです。

ツール
2

思考

ビジネスに使える「思考法」

ツール2では、ビジネスに使える哲学的思考法ベスト20を紹介しています。いったいどのような考え方がどう使えるのか、自分のかかわる具体的なビジネスシーンを思い浮かべながら読んでいただけるといいでしょう。

▼思考法としての「相対主義」

ビジネスにも使える思考として、まずプロタゴラスの相対主義を紹介したいと思います。プロタゴラスは、古代ギリシアで「徳の教師」と呼ばれたソフィストの重鎮です。彼らは街の中で青年たちに弁論術を教えていました。ソフィストの問題は、相手の説得を過度に重視するあまり、真実の探求をないがしろにしていた点です。そこで哲学の父ソクラテスが議論を挑んだのです。彼らが議論する様子は、プラトンの『プロタゴラス』に熱く描かれています。

プロタゴラスの言葉の中で最も有名なのは、「人間は万物の尺度である」というものでしょう。

つまり、人間は事物のあり方の尺度だと主張しているのです。事物のあり方は、それを知覚する人間の認識に深く関係しています。とするならば、認識する人間を離れて、事物そのもののあり方を語ることは無意味だということになります。物事は常に、それを認識する人間によって別の意味を与えられるのです。

ビジネス思考への応用

プロタゴラスの相対主義のポイントは、一見正反対の物事の中に視点を変えて共通点を見出し、それによって差異を相対化してしまうことです。この部分が相対主義の本質だといっていいでしょう。

そこで、ビジネスの成功と失敗にこれをあてはめてみましょう。両者は一見正反対であるかのように思われます。でも、何が成功で何が失敗かというのは、一義的には決められないものです。失敗だと思ったことが、長い目で見ると成功につながっていたということもあるはずです。

したがって、ある状況を成功だとか失敗だとか感じるのは、意識の問題なのです。絶対的な失敗などありません。相対主義的に考えて、前向きにとらえればいいのです。逆に絶対的な成功もありません。だから常に努力し続けることが大事なのです。

▼思考法としての「イデア説」

古代ギリシアの哲学者プラトンは、師ソクラテスの崇高な理想を受け継ぎ、まさに永遠の理想としての「イデア」という概念を掲げました。そこで彼は、現実の世界のほかに、理想の世界としてのイデア界を想定したのです。

イデアとは、そのイデア界に存在する物事の本質のことにほかなりません。したがって私たちには、肉眼でイデアを見ることはできません。それは魂の目によってはじめて見えるというのです。他方、日ごろ私たちが目にしているものは、このイデアの影にすぎないといいます。つまり、まやかしにすぎないのです。

普段私たちが目にしている物事は感覚的なものであり、不完全で、かつ時間と共に生成消滅します。ところが、イデアは非感覚的なものであって、完全で、かつ永遠に変化することもないのです。だからそれは永遠の理想状態でいられるのです。

では、どうすれば常にイデアを見ることが可能になるのか？　ここでプラトンは、アムネーシスせよといいます。想起せよということです。つまり、イデアは心の中で想起することによってのみ見えるというわけです。

ビジネス思考への応用

プラトンのイデア説を思考法の1つとしてとらえると、次のようにまとめることができるでしょう。**まず大前提として、目に見えるものはすべてまやかしだとみなすこと。そして、本質を想起するべく、よく頭を働かせることとです。**

プラトンは、「洞窟の比喩」という面白いたとえを用います。洞窟の中で壁に向かって座らされている人は、背後で起こっている物事の影しか見ることができません。だから猛獣を象った紙の影絵を見せられても、本物だと思って恐れるというのです。

この恐れを取り去るには、魂の全面的方向転換をするよりほかありません。それは頭でよく考えることを意味するのです。猛獣にしてはやけに静かだなとか、こんなところにいるはずがないなというふうに。そうしてはじめて、本質は姿を現すのです。

ビジネスシーンでも、いったい何が本質なのか、いったん目を閉じてよく考えてみることが必要だといえます。

▼思考法としての「無知のヴェール」

無知のヴェールとは、アメリカの政治哲学者ジョン・ロールズが、代表作『正義論』において論じた概念です。ロールズは公正な分配によって正義を実現しようとしました。そのために、格差の是正を行う方法を考えたのです。

そこで彼が持ち出したのが、無知のヴェールという思考実験でした。あたかも無知になるヴェールをかぶるかのように、自分自身の情報を遮断すれば、人々は等しく合理的で、同じ状況に置かれるとします。そうすることではじめて、他人のことについても同じ条件で正義を考えられるようになるというのです。

つまり、一人ひとりが自分自身の個別の情報を忘れてしまうヴェールをかぶれば、冷静かつ客観的に他者の困っている様子がわかるだろうということです。他人の立場にたって考えないと、真の正義は判断できないものです。でも、そのためには自分の事情を脇に置く必要があるわけです。

ロールズは、この状態を原初状態と呼びます。そしてここから正義を判断していくのです。一言でいうと、一番困っている人を有利に扱う行為こそが正義にかなうということです。

ビジネス思考への応用

無知のヴェールは、物事を疑うためのツールとして応用できます。**目の前で展開している現象は間違っているかもしれないと、自分の頭を初期化するために使えるのです。**自分の個別の情報を遮断するというのは、まさに頭の初期化ですから。

人間というのは自分の事情をまず考え、しかもそれを過大に重視するものです。ある意味で防衛本能なのかもしれませんが、それは必ずしも正しい判断とは限らないのです。ですから、その部分をいったん取り去れば、相当客観的に物事を判断できるようになるのです。無知のヴェールはそこのところをうまく突いているといえます。

ビジネスシーンでは、常に事態を客観的にとらえることが求められます。その際、無知のヴェールの発想が使えるのではないでしょうか。

▼思考法としての「唯名論」

あらゆる物に広く及ぶ共通の性質を普遍、他のものとは異なる性質を特殊といいます。この普遍と特殊という2つの概念をめぐって出てきた理論が唯名論です。普遍と特殊の関係については、中世ヨーロッパの時代に、「普遍論争」と呼ばれる議論がありました。

普遍的な何かがあらかじめ存在するのか、そうではなくてあくまでも個別の物がたくさんあって、それらの共通の性質を指す名称にすぎないのかという議論です。前者を実在論あるいは実念論、後者を唯名論といいます。

たとえばボールやリンゴ、そして頭に共通するものは何か？　それは「丸い」という性質です。ここでは丸いということが普遍性であるといえるわけですが、丸いという性質が先にあるのか、それともボールやリンゴを並べてみてはじめて丸いという性質を見出すことができるのかという問題です。

この論争で中世の哲学者オッカムは、唯名論の立場から、そもそも色々なものの中に個別に普遍が存在するという発想は論理矛盾だと主張しました。ボールにもリンゴにも、それぞれ「丸い」という概念があるということは、いわば普遍をバラバラにしているようなものだということです。だから普遍とは、個別のものの性質を表す名称にすぎないということになるのです。

ビジネス思考への応用

唯名論によると、世の中には普遍というものが独立して存在するわけではなくて、あくまで個別の物事があるにすぎないことになります。たしかに私たちは、あたかも普遍的な何かが存在するかのように思ってしまっているのです。全部丸い。だから丸いという普遍性が、どこかに存在するのだと。

しかしオッカムのいうように、丸いという性質は、仮にボールやリンゴに共通しているとしても、それはボールが丸いということであり、またリンゴが丸いということを意味するにすぎないのです。丸いというのは、あくまで個々のものの性質にすぎないのです。

ただ、個々のものには、何らかの共通する要素が存在するのは事実です。その場合の共通の名前こそが、普遍と呼ばれるものなのです。

▼思考法としての「カテゴリー論」

通常カテゴリーは「範疇」と訳され、物事を分類する基準という意味で用いられます。人間には、頭の中に入ってくる情報を、瞬時に種類に分け、階層化していく能力が備わっています。そうして本質的な内容を選びとっていくわけです。

その仕組みを明らかにしたのが、ドイツの哲学者イマヌエル・カントの「認識論的カテゴリー」論です。カントは、人間が対象となるものをきちんと認識できるように、量、質、関係、様相の4つの項目と、それにかかる各々3つのサブカテゴリーを掲げました。これで4掛ける3の合計12個のカテゴリーになります。

つまり、量については、単一性、数多性、総体性が、質については、実在性、否定性、制限性が、関係については、実体と偶有性、因果性、相互性が、様相については、可能と不可能、現実と非存在、必然と偶然が各々サブカテゴリーとしてぶらさがっています。物事はこの12のカテゴリーのいずれかに位置づけることで、認識が可能になるというのです。

その大前提となっているのが、時間と空間という概念です。カントによると、時間と空間は、人間が物事を認識する際の物差しのようなものなのです。この物差しがないと、物事を頭の中で整理することなどできないと考えます。その意味で、時間や空間は、すべての物事の認識の前提条件になっているのです。

ビジネス思考への応用

ここでのポイントは、まず時間と空間の軸にあてはめさえすれば、物事はきちんと整理できるという点です。何事も時間と場所を明確にすれば、だいたい話が通じます。最も、カントがこれを認識のための大前提にしている理由は、もう一つあります。それは、時間と空間の概念は、私たちが生まれつき持ち備えているものだからです。誰から習わずとも、皆いつの間にか時間の観念と空間の観念を持つようになります。もちろん、時計の読み方や、長さの測り方は学びますが、それは技術的な話にすぎません。

いわばこの感覚は世界共通なのです。したがって、どんなに価値観の対立するグローバルビジネスでも、時間と場所の概念を共通項とすれば、突破口が開けるかもしれません。

▼思考法としての「構造主義」

フランスの文化人類学者クロード・レヴィ＝ストロースは、未開の民族について研究する中で、交叉イトコ婚の風習に着目しました。交叉イトコというのは、兄弟姉妹関係にある互いの親の性別が異なるイトコ、つまり「母の兄弟の子ども」や「父の姉妹の子ども」を指します。その際、男性とその母方の交叉イトコの女性を結婚させる風習が、未開の部族などに見られ、これを交叉イトコ婚といいます。

このような風習はいかにも未開な社会ならではのように思われていたのですが、レヴィ＝ストロースは、このシステムの全体構造に目をやることで、ある発見をしました。それは、男系家族の男子にとって、母方の叔父の娘は別の家族集団に属している点です。ということは、この関係にある男女が結婚する仕組みにしておけば、常に異なる家族集団間で人の交換が行なわれ、部族の存続を図れるというわけです。

つまり、未開だと思われた風習は、全体構造を見てみると、意外にも高度なシステムを形成していたのです。こうしたものの見方を構造主義といいます。レヴィ＝ストロースは、そんな構造主義の視点から、欧米中心主義批判を展開していきました。

ビジネス思考への応用

結局、構造主義とは、「木を見て森を見ず」を指摘する思考法だといえます。**一部だけに着目していては見えない本質を、全体に目をやることで発見する。それが構造主義のポイントです。**複雑を極める現代社会にぴったりの思考だといっていいでしょう。

そのためには、レヴィ＝ストロースがやったように、規則性を発見する必要があります。規則性というのは、一部だけを見ていても見えないものです。全体に目をやることではじめて、パターンが浮かび上がってくるのです。その規則性をいかにして発見するかが肝心です。

まずは現象をしっかりと記述する必要があります。何が起こっているのか、もれなく記述する。一見関係なさそうなことも含めてすべてです。ビジネスでも、全体を見渡すことによってはじめて視界が開けてくるものです。

▼思考法としての「上部下部構造」

ドイツの経済学者・哲学者カール・マルクスは、資本主義の矛盾を乗り越え、革命によって平等な社会を構築することを唱えました。いわゆる社会主義思想です。マルクスによると、社会主義の到来は避けることのできない歴史の必然なのです。それは唯物史観あるいは史的唯物論と呼ばれるマルクス独自の歴史観に基づいています。

まずマルクスは、人間の思想や法、政治の制度などといった「上部構造」は、生産手段や生産活動といった「下部構造」によって決まってくるという上部下部構造を想定します。

つまり、経済活動が土台となって、それによってすべての社会制度の中身が決まってくるというわけです。それまでの哲学者たちが、思想や観念こそ経済のあり方を決定すると考えてきたのとは正反対の発想です。

そして、生産力が生産性の向上によって生産関係にそぐわなくなったとき、その矛盾を原動力として、歴史は次の段階へと進展します。これが唯物史観です。具体的には、原始共産制、奴隷制、封建制、資本主義、社会主義、共産主義と展開していきます。こうして、矛盾にあふれた資本主義は革命によって壊され、生産力に応じた社会へと移行していかざるを得ないというのです。

ビジネス思考への応用

マルクスの唱えた上部構造と下部構造という発想は、社会主義の文脈を超えて幅広く応用することができます。つまり、経済に限らず、あらゆるものを上部下部構造でとらえて、何か大きな力が物事を動かしていると考えてみるのです。

世の中に起こっている現象には、常に背景というものがあります。その背景を下部構造ととらえるのです。その場合の上部構造は、当然現象そのものです。このようにとらえることの利点は、現象を背景から理解できるようになる点です。

現象を現象として表面的にとらえているだけでは、物事の本質は見えてきません。むしろ背景こそが大事なのです。背景に目をやると、時には別の現象もその同じ背景のもとに生じていることが明らかになったりします。

ビジネスでも、背景に何があるのかに目を向けることが大事です。たとえば物が売れているのには必ず背後に理由があるはずですから。

▼思考法としての「権力論」

フランスの現代思想家ミシェル・フーコーは、一貫して権力の仕組みを分析し、批判し続けてきました。

フーコーによると、とりわけ権力が恐ろしいのは、自分たちに都合の悪いものは封じ込めようとする点です。したがって、非理性的存在だとして社会から排除されている人たちの多くも、実は本当に非理性的なわけではないのです。それは単に近代社会の運営に都合が悪いから、そうみなされたにすぎません。

たとえば近代以前であれば、一般人と異なる狂気は、むしろ人智を越えた自然の真理を告げるものとして称賛されていたといいます。それが近代になって合理性が社会の基準になると、狂気はたちまち「大監禁」の対象にされてしまったのです。

このように、時に権力は、自らの地位を守るために自分勝手で、恐ろしいものになりうるのです。私たちを守ってくれていると思いきや、権力そのものを維持するために、途端に私たちを犠牲にすることもありうるということです。

ビジネス思考への応用

結局権力というのは、自分たちの都合のいいように制度をつくるということです。権力を取るため、そして獲得した権力を維持するためには、なんでも利用するのです。だから当たり前だと思っている制度や決まりも、疑ってかかる必要があります。制度というものは、凡そ権力の都合のいいようにつくられているからです。

自分たち被支配者のためなどと思ったら大間違いなのです。本当に被支配者にプラスになるのなら、支配者にはマイナスになるわけですから。

このように物事の背後に権力関係を見出せるようになると、物事のからくりがよくわかってきます。その際、見えない権力に着目する必要があります。あらゆる社会制度は、見えない権力の産物だと思えばいいでしょう。どんなにいい制度にも裏側があるはずです。**自分たちにとっての利点ではなく、権力の側の利点に目を向ける。これが裏側を見るということです。**

これは利害の錯綜するビジネスにおいてもあてはまります。ビジネスの背景にも権力関係があるものです。それを見抜ければ、より有利になることは間違いありません。

▼思考法としての「超人思想」

ドイツの哲学者フリードリヒ・ニーチェは、世の中では永遠に同じことが繰り返されているにすぎないといいます。彼はそれを永遠回帰と呼びます。たとえ生まれ変わったとしても、まったく同じことが永遠に繰り返されるということです。

それは大変な苦痛なのですが、ニーチェはむしろ、その状態を受け入れることではじめて、強く生きていけると主張します。**人生というのは何でもかんでも合理的で理性的に割り切れることばかりではありません。**

不合理なことも含めて受け入れるよりほかないのです。生の全面的な肯定が求められるわけです。だから強く生きていけるかどうかは、先ほどの永遠回帰を理解したうえで、それでもなお「よし、もう一度」と思えるかどうかにかかっています。

ニーチェは、そんなふうに永遠回帰を受け入れることができる存在を「超人」と呼びました。永遠回帰のような苦しみを受け入れることができる存在は、まさに超人なのです。逆に、超人になって苦しみを受け入れさえすれば、苦しみは消えてしまうわけです。

ビジネス思考への応用

苦しみを受け入れるというのが超人思想のポイントです。抗うから苦しいのです。痛みは、痛がるから存在するのであって、痛みを感じない人に痛みなど意味がないのと同じです。つまり、超人思想は、受け入れることで悩みを消してしまうすごい思考法なのです。しかもそれは自分の気持ち次第でなんとでもなるのです。

誰かの協力が必要なことは、そう簡単にどうにかなるものではありません。しかし、自分さえぐっと飲み込めば、それで解決するなんてすごいことだと思いませんか？　私たちはそんなすごいことをする力を持っているのです。

ただ、その力を実際に発揮できる人は、ほんのわずかです。この違いは「よし、もう一度」といえるかどうかにあります。ビジネスでもそうです。仕事がたまり、行き詰まり、トラブルの連続……。そんな逃げ出してしまいたくなるような状況でも、「よし、もう一度」と一言口にするだけで、不思議とやっていけそうな気持ちになるものなのです。

▼思考法としての「根源的時間」

現代ドイツの哲学者マルティン・ハイデガーは、本来的な生き方の必要性を説きます。では、どうすれば本来的な生き方が可能になるのか？　そこで関係してくるのが時間の概念です。ハイデガーは時間の概念を、根源的時間、世界時間、今時間という3つに分けて考えます。日ごろ私たちは、現在を起点とした日付のある通俗的な時間を生きています。これが世界時間です。今時間というのは、そうした具体的な時間ではなく、単に「時間」という抽象的な観念を表したものです。

これらに対して、根源的時間というのは少し性質が異なります。人間は死という有限性に気づいたときはじめて、時間というものに自覚的になり、人生がかけがえのないものであることに気づきます。そうして未来を見据えて積極的に生きるようになる。このように把握された時間こそ、ハイデガーが根源的時間と呼んでいるものです。

ビジネス思考への応用

ハイデガーが言いたいのは、根源的時間の概念によって生が有限であることを自覚してはじめて、人間は真剣に生きることができるということです。いわば、人生の締め切りに気づいて、ようやく時間の大切さを知り、一生懸命頑張るということにほかなりません。

常に締め切りを意識して、考え、行動するということです。なぜこれが思考になるかというと、時間とは物の考え方だからです。24時間同じように時間が与えられているにもかかわらず、それをうまく使いこなす人とそうでない人がいます。

ある人は24時間を倍の48時間にも3倍の72時間にもしている。他方で、ある人はそれを数時間にも縮小してしまっている。この違いは、まさに時間に対する考え方から生じているのです。

時間は私たちの意識と無関係に流れているのではありません。ハイデガーが指摘したように、それは私たちとのかかわりによって存在しているのです。だから私たちの考え方次第で、時間は自在に操れるのです。

ビジネスにおいて時間は制約条件であり、最も貴重な武器でもあります。それを単なる制約条件として締め切りに追われてこなすだけなのか、時間を人より有効に使って何倍もの成果を上げるのか。それはひとえに私たちの意識にかかっています。

▼思考法としての「強度」

強度とはフランスの現代思想家ジル・ドゥルーズが思想用語としてもち出した概念です。種類という概念が質的な差異を意味するのに対して、強度は量的な差異を指しています。ドゥルーズはまた、強度のことを「差異」「深さ」あるいは「内包量」なども表現しています。

ただ、量といっても、長さなどの空間的な延長に基づく外延量とは異なります。外延量は、性質を変えることなく無限に分割可能なものです。他方強度は、温度や速度のように空間的延長をもたない量をいいます。

この場合、足したり引いたりして量を変えると、性質自体が変わってしまいます。たとえば、お湯に水を足すと、ぬるま湯という別のものになってしまうわけです。したがって、量の差異こそが差異の本質であるといえます。

このように、ドゥルーズが主張する強度とは、量的差異の尺度であると同時に、物事の差異を肯定的に評価するための概念であるということができます。さらに、ドゥルーズの思想全体が創造的なのですが、この強度という概念もまた創造のためのエネルギーになっているといっていいでしょう。

ビジネス思考への応用

同じものが量的に多いことを強度というわけですが、その強度を尺度にして物事を考えようとするとき、それは十分思考のためのツールとして使えます。

ただ、先ほども触れたように、ドゥルーズの強度は極めて創造的な概念です。ですから、単に量的に多ければそれでいいという話ではなくて、その量の多さがエネルギーとなって、何かを作り出す側面に着目する必要があるのです。

たとえば、芸術におけるインパクト。この場合の強度は、まさに芸術という創造行為に貢献しているわけです。いや、むしろその芸術におけるインパクトをもたらしたのは、強度の持つ創造的エネルギーそのものなのです。

これは芸術に限った話ではありません。**強度のもつ創造的エネルギーはあらゆる分野で生かすことができるように思います。**とりわけビジネスでも、ものづくりの分野や表現行為には活用しやすいといえます。何かをつくるときには、ぜひ一度強度の視点で考察してみてください。

▼思考法としての「身体論」

現代フランスの哲学者モーリス・メルロ＝ポンティは、「身体」を初めて本格的に哲学のテーマにした人物です。彼は心と身体のつながりを次のように論じています。つまり、身体を対象物と私たちの知覚との媒介としてとらえるのです。私たちが物を見たり、触ったりして知覚するのは、常に身体を通してだというのです。

逆にいうと、身体こそが私たちの世界、そして心を形づくっているのです。そうすると、身体は単なる機械ではなくて、世界と私とをつなぐ唯一の手段として位置付けることも可能です。世界に向かう志向性と表現してもいいでしょう。

その時、人が世界に存在するものの各々の差異を認識するのは、身体を媒介にしてということになるのです。自分にとっての身体は、単にそれが自分の身体であるという意味を超えて、世界と自分をつなぐ媒介物として再定義されるわけです。

このような身体は、他者と共感するための共通のインターフェイスとしての〈肉〉へと深化します。世界はすべて一体の何かからできており、つながっていると考えられるのです。いわばその「一体の何か」が〈肉〉なのです。かくして世界のすべては、一つの同じものを別の形で表現したものにすぎなくなります。

ビジネス思考への応用

身体は自分の意識と外の世界をつなぐインターフェイスだというのが、メルロ＝ポンティの身体論のポイントです。だから、私たちが普段考えるように、意識があって、それが身体を支配しているという発想とは正反対の発想になるわけです。

メルロ＝ポンティの身体論によると、むしろ身体が外の世界を感知して、それを意識に伝えているという部分が重要になってきます。ですから、意識は身体次第なのです。そんなふうに180度発想を転換することができれば、物事は違って見えてくるはずです。

私たちは頭で考えて、身体を動かすのだと思い込んでいます。そうではなくて、身体を動かして頭に伝えるととらえ直したら、もっと身体を主に考えるようになるでしょう。ビジネスにおいても、身体を主に考える企画や商品は、頭を主に考えるものの脇に追いやられているように思います。そこを見直すことで、従来とは異なる発想が可能になるのではないでしょうか。

▼思考法としての「言語ゲーム」

オーストリア出身の哲学者ルードヴィヒ・ウィトゲンシュタインによると、私たちは日常生活において、言語を交わし、意味を解釈するゲームを行っていることになります。彼はそれを「言語ゲーム」と呼びます。そのゲームのルールは、場所や状況によって決まってきます。言語活動というのは、生活の各場面によって決定されてくるものなのです。逆にいうと、言語に関するルールは決して一つではないということです。

仲間内だけで通じる言語もあるでしょうし、場合によっては自分だけのルールというのも考えられます。ただ、自分だけのルールにのっとって発言したとしても、それは誰にも理解されることはないのです。ルールとは、あくまでその場の人たちに共有されたものでないとルールたり得ないからです。

やっかいなのは、そのルールが必ずしも明示されているわけではない点です。だから洞察力が必要なのです。どのような言葉が飛び交い、どんな言葉が求められているのか、それを見つけることです。

ビジネス思考への応用

言語ゲームのポイントは、言葉を文脈というルールのもとにおけるキャッチボールとしてとらえることです。文脈をその都度正確に把握しつつ、適切な言葉を投げかける。その応酬こそが適切なコミュニケーションであり、言葉に関する思考法であるといえます。

したがって、文脈をいかにとらえるかがすべてなのです。同じ言葉でも、文脈一つでまったく意味が変わってきます。そこを意識して思考できるかどうか。この部分を鍛えるには、まず多くの文脈を知る必要があります。知らないと気づかないからです。

ビジネスでは、特に会議や交渉の際にこうした態度が求められます。周囲の状況や、話に加わっている人の様子に敏感にならなければなりません。今どういう状況で、どういう人が参加しているのか。

もちろん、予め情報がないこともあります。会話の中でそれを見抜くことが求められるのです。そのためには、自分が話すことばかり考えていないで、相手の言葉にしっかりと耳を傾け、表情をよく見ることが大事です。

▼思考法としての「他者論」

エマニュエル・レヴィナスは、リトアニア生まれのユダヤ系の哲学者で、後にフランスに帰化します。ユダヤ系として捕虜収容所で過ごした経験から、彼は人間一人ひとりの個性や尊厳に着目することになります。ただ、レヴィナスは、西洋の哲学に脈々と流れる「私」中心の思想を批判します。

どうして「私」中心であることがいけないのかというと、他人を同化してしまうからです。私たちは自分中心で考える時、他人も同じ考えをもっているかのようにふるまいます。仮にそうでないと気づいた時には、自分と同じ考えをもつように仕向けるのです。たとえば、説得したり、強要したり。そこが問題なのです。

人間というのは、一人ひとりが個性をもった、異なる存在です。まさに無限に可能性を秘めた、無限に異なる存在なのです。実は、私たちはそんな無限に異なる他者のおかげで存在しているといってもいいでしょう。だからこの世には他者が必要なのです。

ビジネス思考への応用

「私」とは異なる存在である他者の存在を尊重することで、「私」もまた尊重されるようになるというのが、レヴィナスの他者論のポイントだと思います。

この発想はデカルト以来の「私」中心の哲学史に異議を投げかけると同時に、現実の社会のあり方に大きなショックを与えるものであるということができます。とはいえ、自分だけでなく、他者も同時に視野に入れて思考をするというのは、そう容易ではありません。

たとえば、自分が苦しい時、他の人も苦しいだろうなどと考えられるでしょうか。でも、それこそが他者中心の思考なのです。もし誰もがこんなふうに考えることができるようになれば、おそらくこの世の問題はほとんど解決することでしょう。

ビジネスは基本的に自分（自社）が儲けることを考えるものです。しかし、そこを逆転の発想で他者中心に考えてみるのです。そうすることで、より大きな視点からビジネスが展開できるはずです。いや、むしろ人類への貢献のようなことまで可能になるかもしれません。やりがいがあると思いませんか？

▼思考法としての「コミュニケーション的理性」

ユルゲン・ハーバーマスは、現代ドイツの哲学者で、今もなお活躍中なのですが、彼は一貫して開かれた討議を重視しています。近代までの哲学や思想というのは、人間の理性がいかに素晴らしいものであるかを追求してきました。そして人間社会を発展させるという目的のために、その理性を使ってきました。この場合の理性は、目的実現のための道具、いわば「道具的理性」と呼ぶことができます。

しかし、このような態度は多くの失敗を生んできたのも事実です。2度の世界戦争、ホロコースト、貧困……。素晴らしいはずの理性が、どうしてこのような愚かな結果を生んでしまったのでしょうか。

それは理性が目的達成のための道具になり下がってしまった点にあります。そこで、現代社会において、私たちは理性のあり方を見直す必要に迫られているのです。その提案がハーバーマスの「コミュニケーション的理性」というものです。つまり、相手を説得するために理性を使うのではなく、あくまでも開かれた態度で相手の話を聞き、共に何かを作り上げていこうとする態度が求められるのです。

ビジネス思考への応用

ハーバーマスの思想のポイントは、相手に対して開かれた態度で聴く耳を持つことによって、合意が成り立つという部分にあります。それこそがコミュニケーションのための理性だというのです。

価値観が多様化し、それらが衝突し合うこの混沌とした時代には、そんな開かれたコミュニケーションが求められます。**価値観は無数にあり、それにしたがって意見も無数に出てきます。その中でいかに合意を形成していくか。**もしここで声の大きい人が無理に自分の意見を押し通そうとしたらどうなるか。おそらく相当の無理をする必要が出てくるのではないでしょうか。

これはビジネスのシーンにも当てはまることだと思います。たくさん意見があるからといって強引にまとめるのでは、かえって不満が募るに決まっています。たくさん意見があるからこそ、その一つひとつの違いを大切にして、丁寧に意見集約していく必要があるのです。お互いに納得し合いながら、意見をまとめていくことではじめて成功といえるのではないでしょうか。

▼思考法としての「主体化」

スラヴォイ・ジジェクは、旧ユーゴスラビアのスロベニア出身の現代思想家です。「主体」は彼の主要テーマの一つといっていいでしょう。ジジェクは、師である精神分析家ラカンが用いた世界を分類する3つの概念、〈想像界〉、〈象徴界〉、〈現実界〉を用いて、自らの思想を説明しています。

〈想像界〉とは、自分を自分であると確認する世界です。〈象徴界〉とは、私たちが言語などによって意味を与えているこの現実の世界のことです。これに対して、〈現実界〉とは、生の現実ともいうべきものです。

ジジェクは、デカルトのいうように主体の中心には「私」があるといいます。ただ、その「私」の中身は空っぽだというのです。主体はもともと空っぽなのです。その空っぽの部分に〈象徴界〉が形成されるわけです。これが主体化にほかなりません。

つまり、象徴秩序という世界の意味が、空っぽの主体に埋め込まれていくことによって、主体は形成されるのです。いわばそれは、〈現実界〉という生の現実を切り取って、〈象徴界〉を作り上げることを意味しています。その営みこそが主体化であり、そうやってできあがった意味の塊が主体と呼ぶべきものなのです。

ビジネス思考への応用

ジジェクの思考のポイントは、生の現実を切り取って、意味を主体化していくという点にあります。言い換えると、客観的な世界を主体化によって切り取ることで、主観を形成するということです。

私たちはそんな主体化によってはじめて、自分の意見というものを持てるようになるのです。私たちの身の回りは多くの情報にあふれています。だから、よく考えないと、何が本当で、何が正しいのかわからないのです。ややもすると、情報に流され、それを鵜呑みにしがちです。その結果騙されることもあるのです。そんなことにならないようにするために、主体化が求められるわけです。

メディアを正しく読み取る能力を意味するメディアリテラシーという言葉がありますが、主体化はそれに似ています。テレビやインターネットに流れるまことしやかな情報を、背景まで考慮して自分なりに分析する能力です。ビジネスにおいても情報が鍵を握る時代だからこそ、主体化が求められるといえます。

▼思考法としての「無知の知」

ソクラテスは古代ギリシアの哲学者で、哲学の父と呼ばれる人物です。ある時彼は、賢者と呼ばれる人たちも知ったかぶりをしているだけで、実は自分と何ら変わらないということに気づきました。いや、むしろ何も知らないと自覚している分だけ、自分のほうが優れているのではないかと。なぜなら、知ったかぶりをした時点で、もうそれ以上知る機会を逃してしまうからです。

これに対して、無知であることを認め、さらに知ろうとすれば、知識は増えます。より賢くなるチャンスが開かれるのです。これが有名な「無知の知」です。聞くは一時の恥、聞かぬは一生の恥というわけです。そうしてソクラテスは、質問を重ねることにしたのです。しかも相手から納得のいく答えが聞けるまで、問い続けました。これが哲学の始まりだったのです。

そもそも哲学を意味する英語のフィロソフィーは、古代ギリシア語で知を愛するという意味のフィロソフィアに由来します。ですから、知を愛し、求め続けることこそが哲学の本来の意味なのです。

ビジネス思考への応用

ソクラテスの無知の知のポイントは、知ったかぶりをしないことによって、新たな知にめぐり会う機会が増すという点にあります。だから子どものような素直さが求められるのです。

大人は何でも当たり前だと思い込んでいるので、問いを投げかけることすらないのです。でも本当は、答えを知っているわけではありません。だから、子どもから急に素朴な質問をされると「はっ」とするのです。

子どもは幼児期に一気に成長します。たった数年で、何も知らない状態から、世界に疑問を持つまでになるのです。どうしてこのようなことが可能になるのか？

大人の場合、数年かけて一生懸命勉強しても、そう劇的に変わることはありません。もちろんゼロから知識を吸収するのと、ある程度の年齢からやるのとでは大きな違いがあるのは確かです。でも、それ以上に、学ぶ態度が違うのだと思います。

ビジネスは大人の営みですが、あえて謙虚になんでも吸収しようとする子どもの思考をすることで、より多くを吸収することができるに違いありません。

▼思考法としての「弁証法」

近代哲学の完成者と称されるドイツの哲学者G・W・F・ヘーゲルは、意識から歴史まで幅広い分野で思索を展開し、独自の体系を構築しました。そのヘーゲルの幅広い思想を一言で表現するならば、「発展」という言葉がふさわしいように思います。

彼の論理学の基本となっているのも、まさにものごとが発展していく様を説明するこの「弁証法」です。ヘーゲルの弁証法は、問題が生じたときに、それを克服して、さらに一段上のレベルに到達するための思考方法です。これによって一見相容れない2つの対立する問題を、どちらも切り捨てることなく、よりよい解決法を見出すことができるのです。

ビジネス思考への応用

ヘーゲルの弁証法は、反対のものを取り込んで、さらに発展させる点にポイントがあります。どんな問題が発生しようとも、いわばマイナスをプラスに変える思考だといえます。弁証法はプラス思考なのです。

そもそも問題のない事柄などあり得ません。何の問題もなく物事をスムーズに進めることができるのは神だけです。人間の為すことである以上、必ず問題がつきまとうのです。

したがって、それを織り込んだ発想が必要です。問題に出くわすたび、うろたえていては、時間のロスになります。問題への対応を危機管理と呼ぶ人もいます。しかし私は、もっと積極的にとらえたいと考えています。**いわば問題は常にバネになるととらえたいのです。進展するためのエネルギーといってもいいかもしれません。弁証法思考はまさにそういう発想をします。**問題は発展の契機だというのですから。

人間もそうです。何か問題が起こって、それを乗り越えると強くなれる。ただし、乗り越えた場合の話です。ですから、必ず乗り越えればいいのです。そのための方法が弁証法なのです。

ビジネスに問題はつきものです。そんなとき、簡単にあきらめるのではなく、メリットやいい点を見出す努力をしてください。どんなマイナスも、きっとプラスに転じることができるはずです。

▼思考法としての「否定弁証法」

ドイツの哲学者テオドール・アドルノは、否定弁証法を唱えました。いわば差異を差異のままに残しておこうとする思想です。その名のとおり、まさにヘーゲルの弁証法を否定する内容の哲学であるといっていいでしょう。つまり、弁証法が矛盾を乗り越えて一つにまとまろうとする論理であったのに対して、否定弁証法はそれを拒もうとするのです。

アドルノの思想を貫くのは、「非同一的なもの」という概念です。簡単にいうと差異のことです。彼はそれまでの哲学のあり方を反省することによって、同一的なものから非同一的なものへの転換を試みようとしたのです。

彼の理解によると、弁証法が前提とする認識や思考というのは、目の前の対象と頭に描く概念の同一化を意味します。思考とは同一化にほかならないのです。どうしてそれがいけないのかというと、同一化してしまうと、異質で多様な他なるものを、都合よく変形させてしまうことになるからです。それは対象への概念の強制であって、暴力さえ生み出してしまいかねません。

ビジネス思考への応用

否定弁証法のポイントは、物事をまとめることなく、差異は差異のままにして生かそうという点にあります。**そんな差異を生かす思考が、多様性を保持するのに役に立つのです。**

人間には、物事をまとめようとする性質や傾向があります。おそらくそれは、人間という存在自体が、一つの統一体であることに起因しているのだと思います。

したがって、多様なままであること、バラバラなままであることをよしとするのは、なんとなく落ち着かないのでしょう。しかし、そこを敢えてやることで、新たな思考が可能になるのです。

たとえば、多民族国家では必然的に差異を重んじざるを得ない環境があるのに対して、日本にはそういう空気はありません。だからこそ、日本でビジネスを考える際、あえて差異に着目すると、何か面白いことが起きそうな気がします。決して一つにまとめるのではなく、様々な可能性がある状態をそのままうまく生かすことだってできるはずだと思うのです。

▼思考法としての「道具主義」

アメリカの哲学者ジョン・デューイは、プラグマティズムの視点から、知識を道具としてとらえました。日本では実用主義などと訳されます。

アメリカ発の実践的な思想として発展してきたプラグマティズムは、デューイによって完成されます。デューイは、難解で専門化された議論から哲学を解放しようとしました。そして、むしろ私たちの日常の経験を対象として、それを豊かにすることを哲学の目的に据えたのです。

つまり、思想や知識などというものは、それ自体に目的や価値があるのではなく、人間が環境に対応していくための手段にほかならないと主張したのです。これが道具主義と呼ばれる彼の思想です。

道具主義によると、知識が人間の行動に役立つかどうかは、生活経験の中でその都度検証されなければなりません。その結果、役立たない知識は修正されるのです。かくして道具主義は生活経験を推し進めるためのものであって、生活経験の変化に応じて内容を変化させていくことになります。

ビジネス思考への応用

知識を単なる知のアクセサリーとしてもてあそぶのではなく、あくまで目的実現のために使える道具として用いるというのが、デューイの道具主義です。知識を道具ととらえることで、知に対する柔軟性が生まれます。

知識は絶対的な答えではなく、むしろ答えを生み出すためのツールにすぎないとなると、試行錯誤が許されます。そしてそのプロセスにおいて新たな創造が生まれるのです。だから道具主義的思考は創造的な営みでもあるのです。

もちろん純粋に知識を楽しむのもいいでしょう。でも、そのときでさえ、実は私たちは知識を道具として使っているのです。いわば人生を楽しむための道具です。

知識を道具にするというと、どうしても不謹慎なニュアンスがつきまといますが、そんなことはありません。そもそも知とは常に道具なのです。大切なのは、その道具をどう生かすかです。ビジネスではまさに知識は道具です。プラグマティズムの祖国アメリカがやっているように、もっと知識をうまく生かして、どんどんイノベーションを生み出すべきだと思います。

ツール

3

古典

読んでおくべき「名著」

ツール3では、読んでおくべき名著20冊を厳選して紹介します。最低限どういう本なのか簡潔にいえるようにしておいてください。

『ソクラテスの弁明』

――裁判における弁明シーンの描写を通じて、哲学の父ソクラテスがいかにして誕生したかが明かされている。弟子プラトンによる詩的で壮大なスペクタクル。BC399年刊。

『ソクラテスの弁明』は、ソクラテスの弟子プラトンが、師の最後の雄姿を描いた作品です。ソクラテスが裁判にかけられた際、アテネ市民に対して弁明を行う大スペクタクルを、ソクラテスのモノローグの形で記しています。

ソクラテスが裁判にかけられたのは、青年を腐敗させたうえ、国家の信じる神ではなく、他の神を信じたからです。この裁判には、3人の告発者に加え、市民から抽選で選ばれた約500人の裁判官が集まりました。

この作品は、裁判の進展に即して三部に分かれています。第一部は、告発者たちに対するソクラテスの反論です。まずソクラテスは、なぜ自分が青年たちとの対話を始めたのか説明します。それは、デルフォイの神殿で、ソクラテス以上の賢者はいないという神託がおりたからだというのです。

続いてソクラテスは、理想の国家や正義と死の関係について語ります。つまり、国家の不正を防止し、正義のために戦う者は、決して死を恐れてはならないというのです。そして彼自身、今回の不正な裁判に際して、死を恐れていないと訴えます。

第二部でソクラテスは、自分の行為は青年を害するものではなく、むしろ優れた思慮を持つ人物にするものだから、善行であると主張します。しかし、裁判官の心証はかえって悪くなり、結局大差で死刑判決が下されてしまうのです。

第三部でソクラテスは、自分と有罪を下した人たちのうちのいずれが良き運命に出逢うかは、神以外知ることができないと言い残して去っていきます。

裁判の後、プラトンをはじめ多くの弟子たちに見守られ、ソクラテスはいさぎよく毒ニンジンの入った杯を仰ぎます。そして二千数百年経った今も語り継がれる伝説の人物となるのです。

『ニコマコス倫理学』

善く生きるための倫理とは、共同体において育まれる徳であることを説き、その本質は物事の適切な状態を意味する中庸であることを明らかにしたアリストテレスの代表作。ＢＣ４世紀頃刊。

『ニコマコス倫理学』は、古代ギリシアの哲学者アリストテレスの代表作です。内容的には、その名のとおり倫理について述べた教科書であるといって差し支えないでしょう。倫理とは人の守るべき道という意味ですから、この本では善く生きるための方法が追究されているのです。

アリストテレスはまず、「最高善」とは何かと問いかけます。最高善というのは、人間の活動が目指す目的のようなものです。そしてそれは「エウダイモニア（幸福）」だといいます。

彼にいわせると、幸福になれるかどうかは、その人の行動次第なのです。だから性格としての徳を重視するのです。徳は知性と異なり、学習によっては習得できません。そうではなくて、共同体におけるしつけによって身につくのだといいます。

では、どのような徳がいいとされるのでしょうか。これについてアリストテレスは、「中庸」の意義を説きます。中庸とは、快不快が適切でほどほどな状態を指す言葉です。たとえば、怒りっぽいのと無感情の間の中庸は、穏やかです。

こうした意味での徳が身につけば、行動する際に自制心が働くようになります。彼は人間が行動を起こす要因として、欲望、気概、理性的願望の3つを挙げているのですが、自制心のある人はこの中の理性的願望によって行動を起こすというわけです。

理性とは頭で考えることですから、そこでは知性が問われてきます。アリストテレスはこの知性についても2種類に分けて考察しています。理論的知性に優れているという意味での「理智」と、実践的知性に優れているという意味での「思慮分別」の2つです。

このうち、実践的知性としての思慮分別は、何が善であるのかを正しく判断できる知性を意味します。それは「正義」の概念にもつながっています。アリストテレスのいう正義は公平のことなのですが、公平さが実現された状態が正しい状態であり、善だというのです。

『社会契約論』

国家は、人民に共通する「一般意志」に基づく契約によって作られるべきだと説いて、フランス革命のバイブルにもなったルソーの代表作。1762年刊。

絶対王政の時代、ヨーロッパ諸国では、神から権利を授けられたとする君主が人民を支配していました。いわゆる王権神授説です。しかし、君主の圧政に疑問を抱き始めた思想家たちが、人民自らが国家をつくるための理論を考え始めます。その一つがルソーの『社会契約論』だったのです。

そこでこの本では、まず現行の社会秩序の不合理さを糾弾することから議論が始まります。つまり、本来人間は自由なはずなのに、社会生活を営む上で不自由を強いられているというのです。だから新しい社会秩序を作ろうと主張したのです。

具体的にルソーは、家族をモデルにして、新しい社会を構想します。家族の中では、たとえば子どもは自分の自由を親に預けます。しかしそのおかげで、子どもは安心して家族の中で自由な毎日を送ることができるのです。どうしてそのようなことが可能になるかというと、それは自分の有用性のためだけに自由を譲渡しているからです。

ルソーは、家庭と同様、国家においても全員が全員に対して自由を譲渡すれば、実は自由の譲渡先は自分自身になると考えました。その場合失われるのは、欲望のままにふるまう「自然的自由」だけであって、逆に真の自由である「市民的自由」を新たに獲得することができるのです。市民的自由とは、義務や理性に従って、自分で自分を律することのできる自由です。**共同体では、わがままに振る舞う自然的自由ではなく、自分を律する市民的自由のほうこそを重視しないと、人間関係がうまくいかないのは容易にわかると思います。**

では、いったいどのようにして、バラバラの個性をもった社会の成員全員で国をまとめていくのか？　ルソーは、全員に共通する「一般意志」なるものが存在するといいます。それは、個々人の特殊意志の単なる総和としての「全体意志」とはまったく異なるものです。あくまで最大公約数的な意志の共通部分を指しているのです。ルソーは、その一般意志によって、直接民主制を実現しようと提案したのです。

『自由論』

危害を及ぼす時のみ個人の自由の制限を認める「危害原理」を提示することで、古典的自由主義に関する議論の基礎をつくったミルの代表作。1859年刊。

J・S・ミルは、自由の意義を高く評価していました。基本的な自由は人間にとって不可欠のものであり、それが保障されないようでは、自由な国家とはいえないからです。つまり、彼のいう自由は国家を中心とする権力からの自由なのです。このように、自由を社会との関係で論じたところに、本書の意義があるといえます。

まずミルは、「多数者の暴政」が新たな脅威として育ちつつあることに対して最大の懸念を示します。民衆による統治は、実際には多数者による支配を意味するととらえていたのです。

それは政治制度だけでなく、世論のような社会的圧力を通じても行使されます。その意味で、多数者の暴政は、政治的な暴政以上に危険なものだといいます。多数者の暴政は、個性の形成そのものを阻止し、あらゆる個性を画一化していくからです。**そこでミルは、個性を守ることを自由論の最大の課題として設定しました。**

ここでミルは、個人に対する集団的干渉の限界を明らかにすることを試みます。正当な干渉の一般的基準を提示しようとするわけです。それが「危害原理」と呼ばれるものです。つまり、社会の構成員が個人の行動の自由に干渉することが正当とされるのは、自分自身を守るためと、他の構成員に及ぶ危害の防止の2点に限られます。

そのうえでミルは、「自分自身だけに関係する行為」と「他人に関係する行為」という2つの区分を設けます。これによると、いくら害をもたらす行為であったとしても、それが他人に関係しない限りは、干渉することができないのです。

さて、このように自由を最大限尊重しようとしたミルですが、他方で彼は『功利主義論』を著しています。同じ功利主義でも、ジェレミー・ベンサムのいうように快楽の量が多ければいいというのではなく、快楽の質を問おうとした点に特徴があります。ただ、ミルのいう功利主義も、行為者個人ではなく、関係者全員の幸福を目指す思想です。そうなると、個人の自由と衝突する可能性が出てくるのです。その調整のための理論が、先ほどの「危害原理」だったわけです。

『道徳感情論』

社会の道徳秩序や繁栄が、公平な観察者に基づく同感によって形成されると説いたアダム・スミスの道徳哲学。１７５９年刊。

アダム・スミスは思想家というよりは『国富論』を著した経済学の父として知られています。でも、実は彼には『道徳感情論』という偉大な思想書を著した道徳哲学者としての顔もあるのです。

スミスはこの本の中で、社会秩序を導く人間の本性を明らかにすることから考察を始めました。そこで彼が暴きだしたのは、「利己心」という本性です。**人間ほど自分のことに配慮する生き物はいないというのです。**

しかし同時に、人間というのは、相手の身になって考えることができる生き物でもあります。いわば「同感」（シンパシー）することができるのです。たしかに私たちは、自分の行為でも他者の行為でも、その適切さを判断する際、同感できるかどうかを基準にします。同感というのは、他者の感情を自分の心の中に写し取り、想像力を使って同様の感情を引き出そうとする人間の情動的な能力にほかなりません。

ただ、ここで注意が必要なのは、同感できるかどうかを判断する際の基準は、主観ではないという点です。あくまでも自分の心の中にいる第三者、いわば「公平な観察者」がそれを行うというのです。私たちは、そうやって公平な観察者によって形成される一般的諸規則に基づいて判断をしているのです。

それは経験によって培われるものです。つまり、スミスのいう公平な観察者の一般的諸規則は、生まれつき人間に備わっているものではなく、自分が所属する社会の中で、経験を通じて学びとっていくものなのです。

スミスはまた、社会秩序だけでなく、社会の繁栄も同感によって可能になるといいます。つまり、人間は誰しも野心をもっており、自らの地位と富を追求します。しかし、その際、他者から非難されるようなことは避けようと努めるでしょうし、逆に称賛されるようなことはどんどんやるでしょう。

こうして同感を求めるあまり、知らず知らずのうちに社会の繁栄に貢献しているというのです。いわばそこには神の「見えざる手」が働いているというわけです。

『方法序説』

あらゆる対象について考え、疑うことによって、自分の意識だけは疑い得ない特権的なものであることを発見したデカルトの主著。１６３７年刊。

『方法序説』は哲学の方法について書かれた本です。デカルトはまず、「良識はこの世で最も公平に分け与えられている」といいます。つまり、正しく判断し、真偽を区別する能力は、本来分け隔てなく誰にも公平に分け与えられているはずだという主張です。ところが、現実はそうではありませんでした。なぜなら、良識の用い方に問題があったからです。そこで彼は、正しい良識の用い方をあらゆる人に向けて説こうとしたのです。

そのためにデカルトが提案したのは、まず頭の中をクリアーにすることです。**私たちの頭はすでに様々な意見で埋め尽くされています。ですから、いったん頭をまっさらにして、そこから本質を見抜こうというわけです。**

数学にも関心が高かったデカルトは、学問の方法として、次の4つの規則を唱えます。1つ目は、疑いをさしはさむ余地のまったくないほど明確に精神に現われるもの以外は、判断の中に含めないという「明証性の規則」です。2つ目は、問題を小部分に分割するという「分析の規則」です。3つ目は、思考を単純なものから順に複雑なものに進展させていくという「総合の規則」です。4つ目は、漏れがないようにすべてを列挙していくという「枚挙の規則」です。

この学問の方法を哲学に限って精緻化したのが、本書のメインである第四部「形而上学」で展開される「方法的懐疑」という手法です。方法的懐疑とは、あらゆるものを疑って、その後に残ったまったく疑い得ない何かを発見するという方法です。

一般には「我思う、ゆえに我あり」という象徴的な表現で理解されている内容です。後に「コギト・エルゴ・スム」というラテン語に訳されて有名になったことから、「デカルトのコギト」などと呼ばれたりもします。信じられるのは私の意識だけだという意味です。このように、人間の意識が特別な存在であることを宣言することで、『方法序説』はその後の哲学の方向性を定める航海図となったのです。

『純粋理性批判』

――人間の理性による認識はいかにして可能になるのか、そしてどこまで認識できるのかを分析したカントの代表作。1718年刊。

カントは、形而上学の概略図を描くためにこの本を著したといいます。**つまり、人間の理性による認識はいかにして可能になるのか、そしてどこまで認識できるのかということを明らかにするのが目的だったのです。**

では、人間の認識はどのような仕方で成り立つのでしょうか? カントによると、まず、一切の思考は「直観」によって生じます。直観とは対象が与えられる限りにおいてのみ生じるものです。対象が、ある仕方で意識を触発することによってのみ可能となるわけです。

この表象を受け取る能力が「感性」です。対象は感性を介して私たちに与えられます。つまり、感性が私たちに直観を与えてくれるということです。このとき対象は「悟性」というものによって思考されています。感性に与えられたものに基づいて、対象を構成する能力のことです。いわば、物事を理解する能力です。悟性によって対象の「概念」が生じます。

この感性と悟性の両方の段階で、各々経験によらない認識の形式があるのです。感性に関する認識の形式が、空間と時間です。私たちは、物事を空間と時間の中で直観的に認識しているのです。これに対して、悟性に関する認識の形式は、カテゴリーと呼ばれる分類表にまとめ上げられています。物事を判断するためのパターン表のようなものです。カントは、この表で私たちの悟性のすべてが網羅されていると考えます。とはいえ、感性や悟性は、物事の現象、つまり私たちの経験を通して見られる限りでの世界を扱うにすぎません。

それ以上のあるがままの世界、カントの用語でいうと「物自体」については、理性が扱うことになります。でも、それは人によって答えが変わってきます。そうした人間の認識の限界を超えた部分について思考しようと思うと、必ず二律背反状態に陥るのです。ここに人間の理性の限界があるということになります。カントは理性の限界を探ることで、人間とは何かを明らかにしようとしたといえます。

『精神現象学』

——意識が経験を通じて発展し、最後はすべてを見通す究極の段階「絶対知」にまで上り詰める様を描いたヘーゲルの主著。1807年刊。

『精神現象学』は、近代哲学の完成者とも称されるヘーゲルの出世作であり、主著でもあります。本書の内容は、**意識が様々な経験を通じて発展し、最終的に「絶対知」と呼ばれる境地にまで到達する様子を描いたものです。**

それでは、意識がどのような旅をするのか。そのプロセスを見てみましょう。これは本書の構成と合致しています。まず、A意識、B自己意識、C理性に大きく分かれます。その上でさらにCが、AA理性、BB精神、CC宗教、DD絶対知の4つに分かれるのです。

Aの意識とは、知の最も低い段階とされます。なぜなら、意識は純粋に対象のみが真理であり、自分と対象との関係はあくまで主観的なものにすぎないと思い込んでいるからです。ところが実際には、客観的な真理と主観的なものを関係づけているのは自己にほかなりません。それを知って、Bの自己意識へと移行するわけです。

Bの自己意識は、自らが真理であることを証明するために、やはり対象が不可欠であることに気づきます。このような経験を経て、自己意識は自らと対象との意識の統一体であるC理性へと発展します。

ここから先は、理性が世界の本質であることを自ら証明していく過程となります。最初はAA理性の中で、自然的世界において理性が本質的なものであることを述べていきます。同様にBB精神において、歴史的世界でも理性が本質であることが明らかにされます。続いてCC宗教では、神が理性と世界との和解を表すものとして描かれます。そして旅のクライマックスであるDDの絶対知では、Cの宗教で描かれた神の本性が、実は人間である自己の本性と同じものであると認識されるに至るのです。ここが終着駅です。

ついには神をも概念として把握するに至った自分の意識。それこそ、今やすべてを見通すことのできる絶対知にほかなりません。こうしてヘーゲルは、人間の精神が絶対的なものになり得ることを高らかに宣言したのです。

『幸福論』

――幸福になるためのヒントを、プロポと呼ばれる断章形式で、誰にでもわかりやすく綴ったアランの代表作。1925年刊。

この本では、様々なテーマを扱う中で、幸福とは何なのかが論じられています。実はこの本の原題は「幸福についてのプロポ」といいます。プロポとは紙葉1枚2ページに書かれた断章のことです。そのプロポのベスト版ともいえる本書を予め総括しておくならば、ポジティブ・シンキングといったところでしょうか。

それでは、具体的にアランが述べていることを見てみましょう。彼は幸福についてこういっています。「上機嫌など存在しないのだ。気分というのは、正確にいえば、いつも悪いものなのだ。だから、幸福とはすべて、意志と自己克服とによるものである」と。逆にいうと、想像力は時に災いします。病は気からとはよくいったものです。人間考え過ぎはよくないのです。幸福になりたいなら、今すぐ思い悩むのをやめるべきなのです。

反対にアランは、幸福になりたい人にとって一番いけないのは、何もしないことだといいます。「不幸になるのは、また不満を抱くのはやさしいことだ。ただじっと座っていればいいのだ、人が楽しませてくれるのを待っている王子のように」。つまり、幸福になろうとしなければ幸福になれないのです。幸福は作り出すものといってもいいでしょう。

では、なぜ人は幸せにならなければならないのでしょうか？　別に不幸のまま生きようが、人の勝手だとも思えるからです。ところが、アランはそうは考えません。幸福は他人に対する義務でもあるといいます。そして、幸福になった人は、素晴らしい手本を示してくれた人だから、大いに讃えられるべきだというのです。

たしかに私たちは他人の幸せに癒され、励まされるものです。幸福は周りの人の人生を幸福にする効果をもっているのです。だからみんな幸福になったほうがいいのです。自分は不幸だという人ばかりだと、不幸が蔓延して暗い世の中になってしまいますから。アランはこういっています。「幸福になる決意をした人たちを、報酬として何か市民の月桂冠のようなもので表彰することを提案したい」と。

『パンセ』

「人間は考える葦」であるという著名な表現のとおり、か弱さにもめげずに理性をもって果敢に考える人間の本質を描いた道徳的エッセー。1670年刊。

本書は、人間の思考と行動を鋭く分析したエッセーです。具体的な構成としては、大きく3つに分けられます。1つ目は、人間の偉大さと悲惨さの矛盾についてです。2つ目は、その問題を解決しようとする哲学者の無力さについて。3つ目は、キリストの愛による悲惨さからの救いについてです。

最初の人間の偉大さと悲惨さの矛盾に関して、最も有名なのは、「人間は考える葦である」という表現なのではないでしょうか。葦とはすぐ折れる、か弱い植物のことです。パスカルは次のようにいいます。「思考は人間の偉大さを示すものである。人間は自然の中で一番弱い一本の葦にすぎない」と。

人間は弱い存在だけれども、決して悩みを放置したり、逃げ出したりせずに、頭で

考えて、それに立ち向かおうとする強い存在だということです。私たちはとかく自分の弱さやみじめさを嘆きがちですが、みじめに思える分だけ植物や動物よりは偉大だなのです。

とはいえ、パスカルは、単に物事を論理的に考えればそれでいいというのではありません。彼は幾何学の精神と繊細の精神の2つが必要だといいます。幾何学の精神というのは、定義や原理によって物事を客観的に分析する精神です。これに対して、繊細の精神というのは、直観によって全体を見渡す精神です。いわば幾何学の精神というのは合理的に考える精神で、繊細の精神というのは感情でとらえる精神だということです。

パスカルは、機械とは異なるそんな複雑な人間存在を、もっと直視する必要があると主張します。人間は精神的に弱いものだというのが、彼の基本的な洞察なのです。それゆえ、人は絶壁が見えないようにするために、何か目をさえぎるものを前方に置いた後、安心して絶壁のほうへ走っているともいいます。

このように、彼の残した数々の箴言《しんげん》は、現代にも通じる人間の生き方や悩みに大きなヒントを与えてくれるものといえるのではないでしょうか。

『エセー』

——エッセーの代名詞ともなったモンテーニュの代表作で、知性の限界についてあくなき探求を行った随筆形式の哲学書。1580年刊。

本書のタイトル『エセー』は、エッセー、つまり随筆のことです。もともとは「試す」という意味の語「エッセイエ」に由来します。したがって、判断力を試し、働かせた結果が、この本の内容だというわけです。

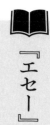

本書は随筆であるがゆえに、決して体系的に書かれたものではありません。そこで、いくつか特徴的な部分をかいつまんで紹介したいと思います。まず着目すべきは、彼の人間観です。それは「人間というものは、驚くほど空虚な、多様な、変動する存在だ」という有名な定義に明確に表現されているように思います。

そして人間がそのような存在であるがゆえに、目標がない時にどうなるかについて論じます。彼はそれを、立ちふさがるもののない風にたとえます。つまり、揺り動かされた魂も、つかまりどころを与えてやらないと、自分の中で迷って前後もわからなくなってしまうというのです。だから魂には、いつも目標として向かっていく対象を与えてやらなくてはならないというわけです。

またモンテーニュは、考えるという営みの前提として、知るという営みそのものも重視していました。彼は、ものを知りたいという欲望以上に人間の本性に根ざした欲望はないと断言しています。そのために人は、あらゆる方法を試みるというのです。理性はもちろん、それが欠けるときは、経験を用いるといったように。

つまりモンテーニュは、基本的には知性の源泉として理性を重んじるのですが、それが欠ける場合には、経験で補うことができると主張するのです。彼が試そうとした判断力は、理性と共に経験にも裏打ちされた強靭な知性にほかなりません。

モンテーニュの有名な問いかけに「Que sais-je？（ク・セ・ジュ？）」という言葉があります。そのまま訳すと、「私は何を知っているのか？」となります。人並み外れた知性を具えていたにもかかわらず、最後までこのように問いかけるモンテーニュ。知性を探求し続けるあくなき姿勢は、後世の思想や文学に大きな影響を与えました。

『プロテスタンティズムの倫理と資本主義の精神』

――西洋社会で資本主義が発展した理由を、プロテスタンティズムの禁欲的生活態度から裏付けたウェーバーの代表作。1905年刊。

本書の主旨は、西洋における資本主義の発展は、プロテスタンティズムの禁欲的な生活態度の産物だというものです。

ウェーバーの分析によると、西洋には「伝統主義的な生活態度」とも呼びうるものがあるといいます。つまり、人はできるだけ多くの報酬を得ようと願うものではなく、むしろ習慣としてきた生活を続け、それに必要なものを手に入れることを願うにすぎないというのです。

では、一体何が近代資本主義をもたらしたのでしょうか。ウェーバーは、社会学者らしく、地方の職業統計を調べました。すると、近代的企業の資本家や企業経営者には、意外にもプロテスタントが多いという事実が判明したのです。

しかし、彼はプロテスタントの中でもカルヴィニズムの予定説に着目することで、この謎を解き明かします。予定説とは、救済されるかどうかは予め神によって決められているとする考えです。となると、人々は自分が救済されるかどうか不安にかられます。そのために職業への献身が奨励されたのです。つまり、人々は神によって与えられた仕事に邁進することで、救済されるはずだという確信を深めようとしたのです。

こうして、勤勉さによって利潤が生じるものの、それはプロテスタンティズムの禁欲によって節約する対象になります。その結果、欲ではなく逆に禁欲の帰結として資本が蓄積され、近代資本主義が形成されていったというわけです。いわば、意図されざる形で、プロテスタンティズムの倫理が、資本主義の形成をもたらしたのです。それを彼は「資本主義の精神」という名の「エートス」として描こうとしました。エートスというのは、ウェーバーの用法だと社会を支配する倫理的雰囲気、あるいは思想的雰囲気のようなものです。

かくして、営利欲が商業活動を活性化し、資本主義がもたらされたという通説的見解は否定されるに至ったのです。**逆説的ともいえる彼の理論は、暴走する現代の資本主義を考えるうえで、大きな示唆を与えているといえるでしょう。**

『資本論』

剰余価値の搾取によって、労働者が疎外されているという資本主義の矛盾を暴き、社会主義への革命を訴えたマルクスの主著。１８６７〜１８９４年刊。

『資本論』はマルクスの主著です。彼は、資本主義の矛盾に対して平等な社会を構築することを唱えました。いわゆる社会主義です。マルクスはまず、人間がつぎ込んだ労働の量によって商品の価値が決まってくると考えます。これは「労働価値説」といいます。この説を前提として、資本主義のメカニズムが論じられます。

たとえば工場では資本家が生産手段を提供し、労働者はそれを使って商品を生み出す代わりに、賃金を受け取ります。このとき、同じ分量のものを生産するために必要な労働力は、設備投資などによる生産性の向上によってどんどん減少していく傾向にあります。そうすると労働者の数も減らされますし、同じ量の製品をつくる時間が短くなるわけですから、賃金が減らされてしまうわけです。他方でこうした場合、資本家は余分に生産された分については自分の利益にしてしまいます。この余分に生産された分の利益を「剰余価値」といいます。その意味で労働者は余分にただ働きさせられているようなものです。いわば労働力を「搾取」されているのです。

かくして労働という行為は、主体的にやるものから、強制的にやらされるだけのますます嫌なものになっていくのです。この状態を労働から「疎外」されるといいます。疎外というのは、遠ざけられるという意味です。労働者は賃金を受け取るわけですが、生産した製品自体は資本家のものになりますから、まず製品から遠ざけられます。次に労働そのものも単に資本家の命令の下、分業させられるだけですから、労働からも遠ざけられてしまうのです。

この状況を抜け出すためには、そんな疎外状況を克服して、新たな社会を築くよりほかありません。そのためにマルクスは、革命を起こし、まずは生産手段を労働者みんなの共有にする必要があると主張します。そして、生産したものはみんなで分けるという経済システムを導入しなければならないというのです。

マルクスの思想が今なお色あせないのは、私たちの多くが、資本主義社会を生きながらも、常にその矛盾に抗おうとあがいているからであるように思えてなりません。

『存在と無』

人間の意識について、常に否定を求める対自存在としてとらえ、そこに物にはない自由の意味を見出したサルトルによる実存主義の予告編。1942年刊。

本書は、人間の存在を意識としてとらえ、その構造を明らかにしようとした作品です。サルトルによると、そもそも意識とは常に対象を必要とするものであって、「ある物についての意識」だといいます。このことを説明するために、彼は即自存在と対自存在という2つの概念を掲げます。即自存在については、物がそれ自体で存在している様子を思い浮かべてもらえばいいと思います。椅子や机がそこにある状態です。

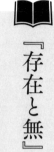

これに対して、対自存在のほうは、「それがあるところのものではなく、あらぬところのものである」と表現されるように、否定性を本質としています。人間の意識は、この対自存在だというのです。

たしかに私たちは、自分自身でありながらも、永遠に同じ自分であり続けることはないでしょう。これが否定性の意味です。言い換えるなら、自分という存在は、常に否定によって自分から脱することのできる存在なのです。ここが物との大きな違いです。無を生み出すことで自分から脱するその状態を、サルトルは「自由」と呼びます。そういわれると、たしかに椅子や机のような物には自由はありません。

ところが彼は、「人間は自由の刑に処せられている」というネガティブな表現をします。なぜなら、自由は人間を不安にさせる要素を有しているからです。どうなるかわからないというのは不安なものです。だから人間は、その不安を隠そうとします。つまり、自分が自由であることを自分自身に対して偽るのです。これが「自己欺瞞」と呼ばれる事態です。

最後のほうでサルトルは、再び自由の意義について論じます。**つまり、自由の意味とは、何でもできるということではないという点です。そうではなくて、常に何らかの状況に縛られた人間にとっては、何かをしようと思うことが自由だというのです。**いわばそれは、与えられた状況に意味を与えることにほかなりません。自分から働きかけるという意味での「投企」によって、世界に意味を与えようとすることが、人間にとっての自由にほかならないのです。

『コミュニケーション的行為の理論』

生活世界がシステムに浸食されてしまうのを防ぐために、コミュニケーション的理性に基づく討議が必要だと訴えたハーバーマスの代表作。1981年刊

ハーバーマスは、一貫して開かれた討議を重視しています。そのために彼は、理性のあり方を見直すべきだと訴えます。その提案が本書で論じられている「コミュニケーション的理性」なのです。つまり、相手を説得するために理性を使うのではなく、あくまでも開かれた態度で相手の話を聞き、共に何かを作り上げていこうとする態度が求められるというのです。**人と何かをしようとするときには、必ず議論する必要が生じます。その際、相手の立場を尊重しなければコミュニケーションは成り立ちません。社会というのはそんな尊重すべき相手の集合体です。**だから開かれた態度で関わっていかなければならないのです。

そうした理性に基づくコミュニケーション的行為は、戦略行為とは異なり、目的を

達するために命令や欺瞞などによって力ずくで相手の意思決定に影響を及ぼそうとするものではありません。あくまでも妥当要求を掲げたうえで、相手に納得ずくで承認を求めようとするのです。この妥当要求を掲げてはじめて、実践的討議が可能になるといいます。

実践的討議においては、当事者全員が参加し、規範の妥当性が回復されるまでは規範を仮説的な地位に棚上げします。そして各人が再び妥当要求を掲げて自己主張を行うことで、妥当性の回復されたよりよい根拠だけが承認されるのです。

ハーバーマスは、このプロセスを実効的なものにするために、３つの原則が必要だといいます。つまり、①参加者が同一の自然言語を話すこと、②参加者は事実として真であると信じることだけを叙述し、擁護すること、③すべての当事者が対等な立場で参加することです。

ハーバーマスはこのコミュニケーション的行為を使って、近代社会批判を展開しました。つまり、私たちの生活世界は、経済システムや国家システムによって植民地化されているというのです。そこで、コミュニケーション的行為を使って、その事態を解消しようと企てたのです。

『正義論』

──善よりも正を優先することで、公正を求めて分かち合うための正義の原理を明らかにしたロールズの代表作。1971年刊。

ロールズはリベラリズムの立場から、公正な分配を実現するための正義論を提示しました。リベラリズムとは、価値の中立性を重んじる立場のことです。彼はそれを「善に対する正の優先性」とも表現しています。つまり、現代社会は価値が多元化しており、もはや1つの善のもとに正義を構成することはできないというのです。そこで、むしろ手続き的な正当性を優先しようというわけです。そのための方法として彼は、無知のヴェールというアイデアを用いて、自分自身の情報を知らないものと仮定します。そうすることで、公平な判断ができると考えたからです。

そのうえでロールズは、「正義の二原理」という基準を提示します。第一原理には、「各人は基本的な自由の最も広い体系に対する平等な権利をもつべきであるが、このような自由の体系は他者の同様の体系と両立しなくてはならない」と書いてあります。そして第二原理には、「(a) 機会の公正な均等という条件の下で全員に開かれている公職や地位に伴うこと」、「(b) 社会の最も恵まれない人の状況を改善すること」の二つが掲げられています。

第一原理は「平等な自由の原理」、第二原理の (a) は「機会の公正な均等原理」、(b) は「格差原理」と呼ばれています。

つまり、第一原理によって、各人に平等に自由が分配されます。ただし、ここでいう自由は言論の自由や思想の自由、身体の自由といった基本的な自由に限られます。次に、第二原理の (a) によって、社会的・経済的不平等については、ある地位や職業に就くための機会の均等が保障されている場合にのみ認められます。それでも残る不平等が、第二原理の (b)「格差原理」によって調整されるのです。

その格差原理についてロールズは、不平等が許されるのは、最も恵まれない人が最大の便益を得るような形でなされる場合に限られるといいます。つまり、才能に恵まれた人は、偶然にそのような才能を与えられたにすぎないのだから、不遇な立場にある人に自らの便益を分け与えるべきだという発想です。

『監獄の誕生』

――新しい権力のテクノロジーが、知らず知らずのうちに服従する主体を生み出しているとして警鐘を鳴らしたフーコーの代表作。１９７５年刊。

本書でフーコーは、近代になって刑罰の対象が身体から精神へと移行してきたと指摘します。これは刑罰制度が進歩したのではなく、あくまでも刑罰の様式が変化したからです。つまり、別の種類の権力のテクノロジーが出現してきたのです。

監獄制度は、身体を直接対象とした「服従する主体」を生みだす監禁・矯正装置として機能するようになったのです。そこでは、精神に作用する権力と同等に、身体に作用する「微視的権力」が生起しているのです。これは新しい権力だといえます。だからこそフーコーは専門家と彼らの科学的知の果たす役割とを重視するのです。それは新しい学問でもあるわけです。

その知の対象が監獄だったのです。監獄というシステムは、近代社会の権力テクノロジーを解明するうえで、主要な分析対象となりました。なぜなら、そこにはフーコーが「規律・訓練」と名づける新たな権力形態が見出されるからです。もちろん規律・訓練の対象は人間の身体です。一定の鋳型にはめ込むように、人間の身体的動作を改変し、規格化し、訓練します。いわばそれは「身体の政治技術」です。

中でも有名なのが、パノプティコンという刑務所の監視の仕組みです。「一望監視装置」などと訳されます。

ここでは、監視塔から内側は見えるけれども、独房の側からは見えません。**つまり、監視する者とされる者の間の眼差しの不均衡が存在するのです。この不均衡こそが権力の象徴です。**一方が他方に完全に従うという構図です。パノプティコンの場合は、監視されているという可能性を囚人が常に意識し、自動的に従順な「従属する主体」となることを意味しています。こうして権力は、囚人自身の手によって深く内面化されていきます。

フーコーは、パノプティコンの原理に見られる規律・訓練権力の作用が、単に監獄という制度に限定されるものではなくて、近代社会の隅々まで及んでいるといいたかったのです。

『全体主義の起原』

――現代社会にとって新しい現象である全体主義発生のメカニズムを、史実に照らして分析したアーレントの代表作。1951年刊。

本書は、全体主義（個人は全体に従属すべきとする思想）発生のメカニズムを分析したものです。アーレントは第一部の反ユダヤ主義について、それが必ずしもナチスによって生み出されたものだとはとらえていません。反ユダヤ主義は、19世紀末以来、ヨーロッパにおける政治的宣伝のうち最も効果的な武器となっており、ナチスが手を貸すまでもなくすでに蔓延していたのです。ナチスはその反ユダヤ主義的雰囲気を活用したにすぎないといえます。

第二部「帝国主義」では、なぜ帝国主義が生じたのかが論じられます。アーレントによると、地域的に限定されている国民国家という体制は、あくなき拡大を本質とする資本主義にとっては足かせとなっていったのです。そこで、資本主義の担い手であるブルジョアジーは、自ら政治に口出しすることで、膨張政策を推し進めていったのです。

第三部では、ずばり「全体主義」とは何かが問われます。アーレントによると、20世紀の最大の問題は、階級社会が解体し、大衆社会が誕生したことです。というのも、大衆社会では組織化されていない個々バラバラのアトム化（原子化）した大衆たちが、ある種の運動によって簡単に動員されてしまうからです。こうした背景のうえに全体主義は成立し、展開していったというわけです。

大衆を動員した全体主義の運動は、もはや支配の継続だけを目的化していきます。そのための手段として、虚構の世界を与えるイデオロギーと、それを強制するためのテロルとが用いられるようになります。**全体主義の敵は安定した社会であって、それを避けるためには、常に社会を不安定な状態に保つ必要があるのです。**大衆に対する脅迫が全体主義を支えているのです。この理論を現実のものとして実践した支配機構こそが、ナチズムとスターリン主義だったのです。

つまり、全体主義というのは、階級社会崩壊後、人々の無関心が主権者意識を希薄化し、大衆社会をもたらしたことが原因で登場したのです。

『君主論』

――理想の政治を実現するために、君主のあるべき姿をあえて冷徹でリアリズムに満ちた視点から描ききった、リーダー論の決定版。１５３２年刊。

本書は2つのパートに分かれます。前半は君主のあり方を論じた「君主政体論」、後半が君主の心得を説いた「君主論」です。君主政体論では、世襲君主制と新興君主制の2つを分けて論じています。世襲君主制には、すでに制度や伝統があることから、それを踏襲するだけで国家を維持できるといいます。

ところが、新興君主制はすべてをゼロから作り上げる必要があるため、様々な困難を抱えることになるというのです。たとえば、風習の異なる国を支配するときはどうすればいいか。そんなときに君主に求められるのは、「強制すること」だといいます。

そして、強制のための手段として、マキャヴェリは実力組織、つまり自前の軍隊を持つことを勧めます。さらに、「良き軍隊のないところに良き法はありえない」と主張しているように、軍隊は防衛だけにとどまらず、国内統治の手段としても位置付けられています。これもまた強権的なリーダーが好みそうな思想です。

後半では、そんな君主の資質について持論を展開します。そこでマキャヴェリは、君主は冷酷であれともいいます。慈悲深さがかえって無秩序を生み、殺戮や略奪を許すことになるからです。それなら、最小限の見せしめによって、秩序を維持したほうがましだというのです。「愛されるよりも恐れられることのほうが望ましい」と断言する彼の哲学は、終始徹底しています。

だから必要なときには善を捨て、悪を行うことさえ認めるのです。マキャヴェリは、狐と獅子を模範にしています。狐は狡猾で罠にはまることはなく、獅子は強くて他の動物に負けることがないからです。この両方の能力が君主には求められると考えたのです。

マキャヴェリは、常に冷静に現実を見ていたのです。それは、時に理想主義がより大きな悲劇を招くことを、経験的に悟っていたからにほかなりません。むしろ理想の政治を実現するためにあえてリアリズムを訴えた点に、『君主論』の最大の意義があるといえます。

『野生の思考』

構造主義の立場から未開人のブリコラージュ（器用仕事）に着目し、野生の思考は近代科学と異なるもう一つの科学であることを論じた、レヴィ＝ストロースの主著。1962年刊。

本書でレヴィ＝ストロースが指摘したかったのは、構造という視点で見ると、西洋近代の文明が必ずしも絶対的に正しいものではないという事実です。

まず彼は、未開人の思考法に着目しました。彼らの思考は粗野で単純なのではなく、発想が異なるだけだというのです。また彼は、未開人の知識欲のほうが均衡がとれているともいいます。だから文明社会は常に激しい変化を求める「熱い社会」であるのに対して、未開社会はほとんど変化のない「冷たい社会」だと指摘するのです。逆にいうと、冷たい社会では、新しい変化を求めずとも十分やっていけるわけです。

そしてその秘訣について、「ブリコラージュ」という概念を使って説明します。ブリコラージュというのは、その場その場で、あり合わせの断片を材料にして作品を組み立てることをいいます。一般に、「器用仕事」などと訳されます。

これに対して、近代科学の思考は、技師があらかじめ全体的な計画に基づいて、一義的に機能が定義されている部品を用いて製品を組み立てるものです。日曜大工を思い浮かべてもらえばわかるように、とりあえずあり合わせの材料でなんとかまかなったほうが、便利で役立つことはあります。

つまり、本書は、**これまで未開社会の稚拙な発想にすぎないとして文明の外に追いやられていた野生の思考が、実は近代科学と同じ合理的な科学であることを指摘した点に、画期的な意義が認められるのです。**しかも、レヴィ＝ストロースは、近代科学が特定の時代と文化に固有のものである点に鑑みると、野生の思考のほうがより普遍的であるとさえ主張するわけです。

最も、レヴィ＝ストロースは、野生の思考のほうが普遍的だから、近代科学にとって代わらなければならないといいたいわけではありません。野生の思考は具体的で感性的なのに対して、近代科学の特性は抽象的で理性的です。つまり、両者は異なる特性を有しているのです。したがって、感性の思考と理性の思考は、互いに排他的なものではなく、統合されるべきものなのです。

ツール
4

名言

相手の心を打つ「名フレーズ」

ツール4では、相手の心を打つ名フレーズ20個を紹介していきます。もちろん短いものはそのまま覚えていただいたほうがいいのですが、趣旨を覚えておくだけでも役に立ちます。そのために超訳も掲載しておきました。

幸福が善ならば、その最大の分量すなわち最大多数の幸福が何よりも選ばれるべき目的、道徳的善である。

（ジェレミー・ベンサム『道徳および立法の原理』）

超訳 ―「幸福の量が多いほど正しい」

ビジネスシーンでは、毎日が判断の連続です。何が正しいのか常に判断しながら、前に進んでいかなければならないのです。「こんな企画はどうだろうか？」「こんな営業の仕方はどうだろうか？」と。そんなときは、「幸福の量が多いほど正しい」という基準を用いてはいかがでしょうか。

この名言を生み出したのは、功利主義の提唱者ベンサムです。功利主義とは、この名言にあるとおり、快楽の量を計算して、快が多ければ多いほど幸福で、その幸福を得られる人が多ければ多いほど正しい選択だとする主張です。そこで、この考えはよく「最大多数の最大幸福」として定式化されます。

実は私たちの社会は功利主義に基づいて構築されているのです。その典型例が車社会です。車社会では必ず交通事故などの犠牲になる人が出てきます。それでも私たちは車社会を止めようとはしません。なぜなら、車を使うことで快楽を得る人が多いからです。つまり、世の中トータルで見れば、そのほうが幸福が最大化するわけです。

この場合自分は少数者じゃないからと、安心してばかりもいられません。少数者が多数者に代わり、多数者が少数者に転落するという逆転現象はよくあります。今多数者の側にいると思っている人も、決して安心はできないのです。

さて、そんなベンサムの「幸福の量が多いほど正しい」という名言は、私たちが物事を判断する際のわかりやすい指針になり得ます。先ほど車社会の例を挙げたように、多くの人が幸せになるには、多くの人の幸福の量を最大化することを基準にするのが一番なのです。とりわけ企業や自治体の活動の場合はそうでしょう。「どうすればできるだけたくさんの人が幸せになれるか？」ぜひそう問いかけながら、日々の仕事に取り組んでいただければと思います。

自分の身を守ろうとする君主は、よくない人間にもなれることを、習い覚える必要がある。

（マキャヴェリ『君主論』）

超訳

「リーダーたる者、時には冷徹になる必要がある」

どのような人がリーダーにふさわしいのでしょうか？　人望が必要なのはいうまでもありません。知識も必要でしょう。しかし、最も大事なのは、決断力です。決断力というのは、単によりよい選択ができるという話ではありません。とりわけ誰も傷つかないような場合の選択は、決断と呼ぶのにもふさわしくないくらいです。**真の決断とは、誰かを傷つけることになるような、シビアなものなのです。**

そんな時、躊躇せず冷静かつ冷徹に判断のできる人こそが、リーダーの資質を備えているといってていいでしょう。なぜなら、一瞬の躊躇が集団全体の命取りになることもありうるからです。誰でも冷徹な判断には躊躇を示すものですが、それではリーダーは務まりません。

そんな帝王学といってもいいリーダーのための哲学を論じているのが、イタリアの政治思想家マキャヴェリです。彼の著書『君主論』は、リアリズムに満ちています。「自分の身を守ろうとする君主は、よくない人間にもなれることを、習い覚える必要がある」というのは、まさにそれを物語るフレーズです。それゆえ、目的のためには手段を選ばない悪名高き権謀術数は、著者のマキャヴェリの名をとって「マキャベリズム」と呼ばれるわけです。これは強権的な政治家を揶揄する表現です。

たしかに、食うか食われるかの状況なら、現実的な発想をするよりほかないのかもしれません。マキャヴェリが君主に冷徹さを求めるのも、慈悲深さがかえって無秩序を生み、殺戮や略奪を許すことになるからです。それなら、最小限の見せしめによって、秩序を維持したほうがましだというわけです。実際彼は、「愛されるよりも恐れられることのほうが望ましい」などといっています。

さて、いかがでしょうか？　皆さんはリーダーになれそうでしょうか？　大切なことは、常にリーダーになれる準備をしておくことです。チャンスは突然やって来ます。その際躊躇しているようでは、そもそもリーダーの資質に欠けるということになりかねませんから。

人は女に生まれるのではない。女になるのだ。

（ボーヴォワール『第二の性』）

超訳

「男が女性という性別をつくっている！」

日本には、性別の違いに基づく不合理な差別がまだまだ横行しています。そこで紹介したいのが、「人は女に生まれるのではない。女になるのだ」というボーヴォワールの言葉です。

ボーヴォワールは、女性の解放を目指したフェミニズム理論の思想家として有名です。また、哲学者サルトルとの恋人関係でも永遠に語られる存在となっています。彼らは学生時代恋に落ちて以来、生涯を共にしたものの、一度も結婚することはありませんでした。事実婚だったのです。いわばボーヴォワールは、自らのフェミニズム思想に基づき、自分自身も決して結婚というような女性を閉じ込める制度に縛られることなく、自由に生きようとしたわけです。そんな彼女の思想がよく表れているのが、フェミニズムの古典『第二の性』なのです。この本の中でボーヴォワールは、男性は女性に財産管理をさせようとしないと非難しています。

そういう大事な部分にはタッチさせないようにして、面倒を見ようとするのです。だからお金持ちほど女性を従属させるといいます。そうして男にとって都合のいい社会をつくり上げているのです。

彼女の真意はここにあります。女性は生まれつき女性なのではなくて、社会が女性という立場を作っているのだという鋭い指摘です。たしかに女性は「女の子らしくしなさい」といわれることで、女の子になっていくものです。

さらにボーヴォワールは、男性に都合のいい状態を維持するため、女性はキャリアを積むのではなく、幸福な結婚を人生の目標にされてしまうと指摘します。結婚したらやめないといけない雰囲気がある会社はまだまだ多いのではないでしょうか。

だから女性は、いつまでたっても「第二の性」に甘んじざるを得ないのです。こうした社会を変えていくためには、やはり女性の地位自体がもっと向上し、第二の性などという概念が解消される必要があります。女性が一人で生きても、不安や損のない社会にする必要があるのです。

人間は本性的にポリス的動物である。

（アリストテレス『政治学』）

超訳

「私たちは組織の一員として生きる運命にある」

社会人とは組織人であることを意味しています。会社という組織の一員として活動することを求められるのです。たとえば、社章をつけたり、会社の名前が入った名刺を差し出すことになります。この場合、見た目からもある会社の一員であることが明らかになるのです。

そして、本質という側面からも、組織人である限り、自分の自由を制限せざるを得ない部分が出てきます。当たり前のことですが、会社のルールに従う必要があります。ルールには書いてなくても、その会社にふさわしい人物としてふるまう必要もあるでしょう。

組織の一員であるということは、安心を得られると共に責任を求められるものなのです。そのことについて、アリストテレスの「人間は本性的にポリス的動物である」という言葉を参照しながら考えてみましょう。

アリストテレスは、アレキサンドロス大王の家庭教師も務めたような人物ですから、組織を論じるのが得意だったのでしょう。**彼は幸福の追求が人間の目的であると考えていました。そしてそれは人間の徳にかかっているとしたのです。**徳は人の性格ですから、知性とは異なり、学習によって習得できるものではありません。それは共同体における人とのかかわりの中で身につけてゆくべきものなのです。

自分の主張を強引に押し通そうとすれば、周囲から非難され、うまくことを運ぶことができません。それを経験することで、人は他者を思いやる気持ちを身につけるのです。これが徳のある人間になる方法であるといえます。ただ、徳というのは、一概にこうだと定義できるものではありません。

アリストテレスも、どのような徳が望ましいかということを論じる際、中庸の意義を説きます。中庸とは、快不快が適切でほどほどな状態を指す言葉です。人の集団である組織で求められる徳とは、まさにそのような極端ではない性格だといえるのではないでしょうか。

人間は動物と超人のあいだに渡された一本の綱だ。

（ニーチェ『ツァラトゥストラはこう言った』）

超訳

「強い誰かに頼るのが一番大事だったかもしれないが、
そんな誰かはもう存在しないと思えば強くなれる」

グローバリズムの激化と共に、社会における競争も益々厳しくなってきています。その結果私たちは、大きな不安を抱えて生きることになるのです。でも、その不安を乗り越えることなくして、競争社会を生き抜いていくことはできません。とはいえ、人間の心は弱いものです。そこで役に立つのがニーチェの思想です。ここでは、彼の「人間は動物と超人のあいだに渡された一本の綱だ」という言葉を参照しながら考えてみましょう。

まずニーチェはキリスト教を批判します。弱い人を慰める宗教としてキリスト教を位置づけるのです。弱くていい、あなたは正しい、だから、きっとあの世で救われるというわけです。そして救ってくれる主体としての神という存在を創造したといいます。だから人々は弱さを肯定し、神という存在にすべてを委ねてしまうのです。それでは奴隷と同じだといいます。だからキリスト教のことを「奴隷道徳」とも呼んでいるのです。そのことに早く気づいて、そんな奴隷道徳に頼らずに、強く生きていかなければならない。それがニーチェの思想です。

では、神に頼らずいかにして強く生きていけばいいのでしょうか？　**ニーチェは、むしろその苦しい状態をあるがままに受け入れることではじめて、強く生きていけると考えます。**

だから強く生きていけるかどうかは、何があっても、「よし、もう一度」と思って立ち上がれるかどうかにかかっているのです。これは非常にしんどいことです。逆に、それができるのはすごいことです。ニーチェは、そんなすごい人のことを「超人」と表現しました。普通の人を超えた存在です。人は超人を目指すべきなのです。強く生きようとする意志を持って。だから人間は動物と超人の間にあるといったのです。本物の超人は無理でも、こうした意味での超人にはなれそうですよね。

万物は流転する。

（ヘラクレイトス、出典不詳）

超訳
「世界の変化に目を凝らせ」

ビジネスパーソンは、世の中を見る目を養わなければなりません。わずかな変化も見逃さないように。時には、見た目は何も変わっていなくとも、何らかの変化が起こっていることもあります。人間が生き、地球が回っている限り、何らかの変化がそこに生じているのは疑いようのない事実なのです。

ここでは物事の生成変化について、ヘラクレイトスの名言「万物は流転する」という言葉を参照しながら、考えてみたいと思います。万物流転というのは、あらゆる物事は生成消滅を繰り返すという意味です。

まだ科学の発達していなかった古代ギリシアの人たちにしてみれば、身の周りのあらゆる物が生成消滅を繰り返す自然の産物だったわけです。いや、現代社会に生きる私たちにとっても、本当はすべての物が自然と同じなのかもしれません。

彼はまた、「同じ川に入ることはできない」とも言っています。たしかに川は同じように見えて、実は常に流れているので、中の水自体は異なっているわけです。このように、万物は流転するというのは、世の中は見た目と異なり変化していることを訴えているのです。その意味で、万物流転は真理だといえます。ところが、この言葉には、もう一つ別のメッセージが込められています。

それは「一つの原理が万物をあらしめる」というものです。つまり、万物は生成消滅を繰り返すと同時に、その都度同じ原理によって貫かれているというのです。**大事なのは、何がその変わらない原理なのか見極めることです。**これについてヘラクレイトスは、次のようにいっています。「私にではなく、ロゴスに耳を傾けて、一つの原理が万物をあらしめていることをそのままに認めることが知というものだ」と。

おそらくここでいう原理とは、物事が生成消滅を繰り返しても、決して変わることのない本質のようなものだと考えられます。その意味で、ビジネスパーソンに求められるのは、目に見えない変化を知ることと同時に、決して変わらない物事の本質を見極める力だといえます。

我思う、ゆえに我あり。

（デカルト『方法序説』）

超訳

「最後に信じられるのは自分だけ」

情報が溢れる時代といわれて久しいですが、その勢いはテクノロジーの進化に比例して、益々加速しています。とりわけ物事のやり方や判断については、インターネットを開けば、数えきれないくらい出てきます。昔ならアドバイスしてくれるのは、身の周りの上司や先輩くらいだったのが、今はネット上に実に多様なアドバイザーがいるわけです。

そのこと自体はいいことなのですが、問題は人によって経験が様々であることから、言うことが異なっている点です。しかも情報は玉石混交です。だからどれを信じればいいのかわからないのです。では、そんな時どうやって判断すればいいか？

そこで参考になるのが、デカルトの「我思う、ゆえに我あり」という言葉です。ラテン語では「コギト・エルゴ・スム」といいます。デカルトは、暗い部屋に閉じこもって思索にふけり、この言葉に行きつきました。

では、「我思う、ゆえに我あり」とはどういう意味なのでしょうか。一言でいうならば、あらゆるものは疑うことができるが、私が今考えているという事実だけは疑いえないという意味になります。そこから、自分の意識の確かさが導かれます。

それゆえに、このデカルトの言葉が、あふれるアドバイスや情報の中で、物事を判断していくための方法として使えるのではないかと思うのです。**つまり、あらゆる前提や可能性をまずは疑う。そうして残った自分の意識によって、じっくりと考えて判断をくだせばいいのです。**

もちろんそのためには、ある程度の経験が求められるわけです。しかしそれは、判断の際経験を論拠にして推論していくというのとは異なります。その意味での経験論を排除したところに、デカルトの独自性があるのです。考える時は経験をも捨象して、純粋に論理的思考を行う。それができるようになれば、こんなに強いことはありません。もはや誰に頼ることもなく、自分だけを信じて、何も迷わず判断することができるのですから。

人間は一本の葦にすぎず自然の中では最も弱い者である。
だがそれは考える葦である。

（パスカル『パンセ』）

超訳

「人間はたしかに弱いが、考えるという点でとてつもなく強い」

人間ははたして弱いのか、それとも強いのか？　たしかに私たちはちょっとしたことで落ち込みます。でも、他方で頭を使って問題を解決し、常に立ち上がる強さをもっているのです。そうした人間の本質をずばり表現したのが、パスカルの「人間は考える葦である」という言葉です。

葦はすぐ折れる、か弱い植物です。風に吹かれれば折れてしまう、そんなか弱さを人間の弱さに重ね合わせたわけです。ただ、人間と葦が異なるのは、高度な思考です。考えるという行為は人間にしかできません。逆にいうと、それだけ考え事や悩みが多いということなのかもしれません。

しかし、人間は、決して悩みを放置したり、そこから逃げ出したりせずに、それに立ち向かおうとする存在です。私たちは自分の弱さやみじめさを嘆きがちですが、みじめに思える分だけ植物や動物よりは偉大だというのです。

最もパスカルは、人間がただ機械のように合理的に物事を計算するだけの存在だとはとらえていません。むしろ機械とは異なる繊細で複雑な側面に着目すべきだといいます。たとえば、人間は客観的には同じ状況でも、意識次第で異なる行動をとることができます。パスカルの挙げる例でいくと、人は絶壁があっても、目をさえぎるものを前に置けば、安心してそれに向かって走っていけるのです。

想像をたくましくすると、動けなくなるからです。その点では、想像力は敵だといいます。物事を過小に評価したり、反対に過大に評価したりしてしまうのも、想像力のせいだといえますね。実態は何も変わらないのですから、頭の中でそれを小さくしたり、大きくしたりして惑わされるなんて、愚かな話です。

このように、**人間の考える能力を最大限尊重しながらも、パスカルがそこに歯止めをかけようとしているのは事実です。時には、考えることよりも信じることが大切だということなのでしょう。**

人間の知と力とは合一する。原因が知られなくては結果は生じないからである。

（ベーコン『ノヴム・オルガヌム』）

超訳

「人間は知識を得ることで、問題を克服する力を得る。原因がわからないと、結果が分析できないのだから」

ビジネスパーソンにとって業務に関する知識は仕事そのものといっても過言ではありません。それほど大事だということです。この点、ベーコンは、知識の修得を重視した思想家として有名です。彼の「人間の知と力とは合一する。原因が知られなくては結果は生じないからである」という言葉がそれを示しています。

では、ベーコンはどのように知識を修得せよというのでしょうか。基本的に彼は、個別的な現象を一歩一歩段階的に吟味していく方法を説きます。その検討の結果、ようやく一般的な原則を導き出し、それを具体的な事例に当てはめていこうとするのです。この方法は、帰納法と呼ばれます。この慎重さと実証性が大事なのです。

そして帰納法を行うためには、人間が抱きがちな予断や偏見を排除していく必要があるといいます。彼はそれを「イドラ」と呼びます。たしかに、予断や偏見があると、正しい知識を身につけることなどできません。

ベーコンは、そのイドラを４種類に分けて説明しています。１つ目は、「種族のイドラ」です。これは人間という種族に特有の偏見です。人間は先入観に振り回されたり、感情に影響されたりして、事物をありのままにとらえることができないというのです。２つ目は、「洞窟のイドラ」です。これは教育や習慣などによって、各個人が抱いてしまう固有の偏見のことです。人はあたかも洞窟に入りこんだかのように、自分の学んだ学問や身につけた思考にはまり込んでしまうものです。３つ目は、「市場のイドラ」です。これは市場で交わされる言葉に人が惑わされるように、言語使用によって引き起こされる偏見のことです。そして４つ目は、「劇場のイドラ」です。これは、哲学の様々な学説や誤った論証の規則によって引き起こされる偏見であり、「学説のイドラ」とも呼ばれます。劇場では様々な役者たちが登場して、虚構の芝居を演じます。それと同じだということです。やはり自分で確かめる必要があるのです。そうしてはじめて、知識は力になるのです。

心は、言ってみれば、文字をまったく欠いた白紙で、観念は少しもないと想定しよう。

（ロック『人間知性論』）

超訳

「経験が心を強くする！」

人はどうして成長していくのでしょうか？　この問いを解くヒントを与えてくれるのが、ロックの次の言葉です。「心は、言ってみれば、文字をまったく欠いた白紙で、観念は少しもないと想定しよう」。実はここでは経験の重要性が説かれています。

ロックがやろうとしたのは、いかにして人は物事を認識するのか、その方法を探ることでした。まず彼は、自分の考えとは対極的な生得観念論を批判します。生得観念論というのは、デカルトによって主張されたもので、人間には生まれながらに観念が備わっているとする説です。当時のヨーロッパでは主流の思想でした。

ロックは果敢にも、その主流の思想に挑戦を挑んだのです。つまり、生まれつき観念が備わっていることなどありえないとして、生得観念論を否定したのです。そうではなくて、生まれたばかりの人間は白紙の心を持っているだけだというのがロックの主張です。彼はそんな白紙の心を「タブラ・ラサ」と呼んでいます。ラテン語でつるつるの板を意味する言葉です。

ロックによると、観念とは、外部の物事が私たちの感覚を刺激し、白紙の心に何らかの印象が与えられることによって生じるといいます。これが経験になるのです。実際には、視覚や嗅覚といった感覚を受けると、私たちは頭の中で考え始めます。その結果が記録されていくのです。そしてある経験は他の経験と合わさって、より高度な経験になっていくといいます。

ロックはイギリス経験論の完成者といわれますが、それは、以上のようなプロセスを経て、人間の観念つまり認識がどのようにして形成され、人が知性を持つ存在になるのかを明らかにしたからです。

このように、人間は経験を重ねるごとに、より知性を備えた存在へと成長していくのです。ですから、経験をすることが大事で、経験が私たちを強くするといえます。

逆に、経験を恐れていては、いつまでたっても成長することはできないのです。経験には失敗がつきものです。だからまったく心配する必要はないのです。

汝の意志の格率が、常に立法の普遍的な原則に合致するように行為せよ。

（カント『実践理性批判』）

超訳

「常に誰もが納得してくれるような基準で行為せよ！」

人間に欲望がある限り、常に誘惑があるのは当然です。問題は、だからといって欲望に負けていいということにはならない点です。だから皆苦しむわけです。そんなとき思い出していただきたいのが、カントのこの言葉です。「汝の意志の格率が、常に立法の普遍的な原則に合致するように行為せよ」。

一言でいうと、常に誰もが納得してくれるような基準で行為せよということです。カントによると、正しい行いをするのは人間の義務だといいます。したがって、条件をつけてはいけないのです。メリットがあるならやるなどというのは、もってのほかです。彼はこのような条件付の命令を「仮言命法」と呼びます。

カントが求めるのは、一切条件をつけない行為です。単に「〜せよ」という形で示される厳しいものです。そして条件を一切つけない命令を「定言命法」と呼びます。最も、正しいと思ったことを義務として無条件に果たすとしても、単に自分が正しいと思っているだけでは意味がありません。自分勝手な基準をつくる人もいるからです。

だからカントは、みんなの基準に一致するときはじめて、無条件に「〜せよ」という命令は当てはまるというのです。では、みんなが納得したとして、その基準が本当に正しいといえるのでしょうか？　これについてカントは、人間を手段として扱わず、目的としていれば間違いないといいます。つまり人間を尊重するということです。

カントがそこまで人間を重視するのは、人間には自由があるからです。この場合の自由とは、自分で自分を律する自由があるということです。動物にはそんな自由はありません。**ところが、人間は、そんなときでも自分で欲を抑えることができます。盗めるのに、あえて自由を行使して盗まないのです。**これが人間の素晴らしさです。

言い換えるなら、条件に左右されずに、とにかく「〜せよ」という厳しい要求がなされるのは、人間にはこの意志の自律が備わっているからなのです。あえて選べるのに誘惑や欲に負けてしまうのでは、ビジネスパーソン失格です。

理性的なものは現実的であり、現実的なものは理性的である。

（G・W・F・ヘーゲル『法の哲学』）

超訳

「理想と現実が一致するように努力せよ！」

理想を追うべきか、現実をとるべきか。私たちは常にこの2つの究極の問いを突き付けられているといってもいいでしょう。そこで判断に迷った時参考になるのが、「理性的なものは現実的であり、現実的なものは理性的である」というヘーゲルの名言です。ヘーゲルは理性を理想的なものと称えているので、ここでの理性は理想ととらえていいでしょう。そうすると、この名言は「理想は現実となるべきで、現実は理想を目指すべき」という意味になります。

実は、ヘーゲル自身、王様の支配する保守的な国プロイセン（当時のドイツ）で、自由を求めて現実と戦い、理想の社会を築こうとしていました。しかし、理想と現実には常には乖離があります。その溝はなかなか埋まるものではありません。だからこそ現実にすり寄って、ついつい妥協してしまうわけですが、ヘーゲルはそれではいけないというのです。

彼は、両者が常に一致するよう「努力すべき」だと訴えたのです。つまり、理想を諦めて現実にすり寄るのは、両者を一致させることにはなりません。それは理想を捨てることを意味しますから。かといって、ただ闇雲に理想を追い求めるのも、現実を直視しない無謀な態度といえます。

ヘーゲルの主張は、そのいずれでもなく、むしろ彼の言葉通り、**理想と現実の両方ともを互いの方向に引き寄せるよう努力せよというものなのです。**ヘーゲルのいう理想と現実の一致は、努力によってはじめて成し遂げられるのです。

それは目の前の小さな仕事にしっかり取り組みつつも、常に大きな仕事を追い求めるという姿勢にほかなりません。大事なのは両者を一致させようとする努力の部分にあります。この名言は、大きな仕事をやりたいと思っている人に当てはまるだけでなく、とにかく理想と現実のはざまで悩んでいるすべての人に当てはまると思います。違う部署に異動したい人、待遇のいい会社に転職したい人、将来は起業したいと考えている人もそうでしょう。実際、人生を変えた人は皆努力をしているものです。

事物はゲームにおいて以外には何ら名をもつことがない。

（ウィトゲンシュタイン『哲学探究』）

超訳

「言葉は会話の文脈ではじめて意味を持つ」

ビジネスシーンにおけるトラブルの中で、最も多いのは言葉に起因するものです。そこで、「事物はゲームにおいて以外には何ら名をもつことがない」というウィトゲンシュタインの名言を紹介したいと思います。当初彼は、哲学は言葉の意味を分析すれば答えが出るものだと主張していました。ところが問題は、人は言葉を耳にした瞬間、それを様々な形で受け止めるという点です。

ウィトゲンシュタインもそのことに気づき、考えを変えます。そして、文脈に応じて異なる言語の多様な使われ方を「言語ゲーム」と名付けました。日常生活において、いわば私たちは言語を交わし、意味を解釈するゲームを行っているのです。先ほどのフレーズはこのことを示すものです。

そのゲームでは、場所や状況によってルールが決まってきます。言語活動というのは、生活の各場面によって決定されてくるものなのです。逆にいうと、言語に関するルールは決して一つではないということです。

場所によってルールが変わってくるのです。ただ、私たちは、そのルールをすべて熟知しているわけではありません。おそらくこうだろうというルール、その場に共通すると思われるルールを、暗黙のうちに採用して言葉を使用しているのです。

言語を交わすのはゲームだといいましたが、ゲームである以上、ルールを制したものが有利な戦いを展開できるのはいうまでもありません。**だからその場の言語のルールはどうなっているのか、まずはそれをしっかりと把握することです。そして文脈をよく読んで言葉を理解し、使用する。そうすれば間違いなく言語の達人になれます。**

会社でも、業界用語や職場での言葉の使われ方をよくマスターしてください。言葉は生き物ですから、微妙な環境の違いで、微妙なニュアンスを帯びるものです。そのうえで、人の話をよく聞くことです。自分が何かいってやろうと思っていると、文脈をとらえそこなうことがあります。じっくりと聞いて的確な言葉で発言する。それこそが、ビジネスシーンにおいて求められるコミュニケーションのあり方だといえます。

私は、自分が無知であることを知っていることで、より賢明であるらしい。

（プラトン『ソクラテスの弁明』）

超訳

「知らないといえる人のほうが、知ったかぶりをするよりも賢い」

誰しも恥をかくことを恐れます。だから知ったかぶりをするのです。でも、それがばれた時ほど気まずいことはありません。また知ったかぶりには、もう一つ重大な問題があります。それは、新しいことを知る機会を逃してしまうという点です。その場で聞かないと、なかなかあとで調べることはしないものです。そして同じ失敗を繰り返すのです。

実はこのことを最初に指摘したのは、まさに最初に哲学を始めたとされるソクラテスだといえます。それをよく示しているのが次のフレーズです。「私は、自分が無知であることを知っていることで、より賢明であるらしい」。

もともとソクラテスは、博識でもなんでもありませんでした。ただのうだつの上がらない中年親父だったのです。それがどうして哲学者になったのかといいますと、ある日、友人を介して、「ソクラテス以上の知者はいない」という神のお告げがあったことを知ってからです。

そこでソクラテスは、それが本当かどうか確かめるために、賢いといわれていた人たちに質問して回ったのです。ところが、賢いといわれていた人たちは、実は賢いふりをしているだけで、問い詰めていくと皆答えに窮してしまうのです。

それでソクラテスは悟ったのです。知ったかぶりをするより、いっそ知らないと割り切ったほうが新しいことを知るチャンスが増えると。これを「無知の知」といいます。そうしてソクラテスは、町を練り歩いては、人々に質問して回りました。

ソクラテスがとったこの哲学のスタイルは、「問答法」とか「産婆術」などと呼ばれます。問答を繰り返して、あたかも赤ちゃんが生まれるのを手助けするかのごとく、相手の口から答えが出るのを促すためです。彼は、相手が知ったかぶりをしてそこで知ることの扉を閉ざしてしまうことのないよう、知の扉をこじ開け続けました。そのほうが善く生きることができると信じていたからです。

人間は自由なものとして生まれた。しかるに、いたるところで鎖につながれている。

（ルソー『社会契約論』）

超訳

「人間は本来自由なのだから、もっとそれを生かすようにせよ」

ビジネスパーソンはとかく政治を別世界のものと考えがちです。忙しいから止むを得ないのかもしれませんが。しかし、自分も有権者の一人であることを忘れてはいけません。そこで参考になるのが、ルソーの次の言葉です。「人間は自由なものとして生まれた。しかるに、いたるところで鎖につながれている」。

これは彼の『社会契約論』の最初に出てくる言葉です。社会契約論とは、簡単にいうと、社会は国民の契約によってつくるべきだという考えです。ルソーはまず、現行の社会秩序の不合理さを糾弾することから議論を始めました。その認識を端的に表現したのが、先ほどのフレーズです。つまり、本来人間は自由なはずなのに、社会生活を営むうえで不自由を強いられているというわけです。そうした状況を変えるために人民が自ら新しい社会秩序をつくることを提案したのです。

とはいえ、個々人の考えは千差万別です。それをどのように一つにまとめていけばいいのか。ここでルソーは、全員に共通する「一般意志」なるものが存在すると主張します。それは、個々人の個別の意志を単純に足し合わせた「全体意志」とは異なります。それだと多数意見を反映するだけになってしまうからです。そうではなくて、あくまで全員に共通する最大公約数的な意志があるというのです。

全員に共通する一般意志を見出すには、当然議論が必要になってきます。だからルソーは、直接民主制を求めました。一般意志に基づいて、みんなで政治をしようというわけです。最も、一般意志の実現のためには、手足のように活動してくれる執行権者としての政府が必要です。

したがって本当は、政府は国民に雇われているにすぎないのです。どうも現実は、政府に国民が支配されているような感じになってしまっていますが、それは国民自身が政治を放棄してしまっているからだともいえます。

意見表明がないと一般意志は形成されません。そして人民による政治も不可能になるのです。だから誰もが政治に口を出す必要があるのです。

われわれは気づかぬうちに、何がなされたり回避されたりするのにふさわしく適切であるかについての一般的諸規則を心の中に形成する。

（アダム・スミス『道徳感情論』）

超訳

「人は、気づかぬうちに共感を得られる行為をするもの」

私たちはいったい何を基準に行為を行っているのか？　その答えを教えてくれるのが、アダム・スミスの次の言葉です。「われわれは気づかぬうちに、何がなされたり回避されたりするのにふさわしく適切であるかについての一般的諸規則を心の中に形成する」。

つまり、スミスによると、人間は「利己心」という本性を持っていながらも、同時に、相手の身になって考えることができる生き物でもあるといいます。いわば「共感（シンパシー）」することができるのです。たしかに私たちは、自分の行為でも他者の行為でも、それが適切かどうかを判断する際、共感できるかどうかを基準にするものです。共感というのは、相手の身になって考えるということです。

とはいえ、いくら相手の身になってみても、自分が独りよがりに判断していては、やはり独断になってしまいます。そこでどうするかというと、スミスは、あくまでも自分の心の中にいる第三者、いわば「公平な観察者」にそれを行わせようとします。

もちろんそんな観察者が実在するわけではありません。理論上の話です。でも、そうした客観的な視点を持つという意識は重要だと思います。私たちは、そうやって公平な観察者によって形成される一般的諸規則に基づいて判断をしているのです。

また、共感の概念は、人をよい方向に導く効果も持っています。人間は、他者から非難されるようなことは避けようと努めるでしょうし、逆に称賛されるようなことはどんどんやるからです。会社でも、人が見ていると思うと、いい行いをするし、また努力もするものです。結局、正しい行いの判断基準は自分の中にあることになります。でもそれは他者を意識することではじめて可能になるモノサシなのです。

だから周囲の人をよく観察する必要があります。ここではあなたが文字通りの観察者になるのです。そして皆がどういう判断をしているか見極めるのです。いい悪いの基準は場所によって変わりますから、この作業は大事です。そして皆が共感してくれる基準で行動していれば、失敗することはないでしょう。

絶望は、死病にとりつかれているものに似ている。このものは、そこに横たわりつつ死に瀕しているが、死ぬことはできないのである。

（キルケゴール『死に至る病』）

超訳

「絶望は死にそうな状態だけど、そういっているうちはまだ希望がある」

絶望を感じている人は、キルケゴールの表題の言葉に耳を傾けてみてください。キルケゴールによると、人は絶望から逃れることはできないといいます。でも、だからといって、最後に待ち受けているのは死だといいたいわけではありません。彼が主張するのは、むしろ絶望の苦悩は死ぬこともできないということなのです。死ぬほどの苦しみを味わいながらも、決して死ぬことができないのです。

たしかに人は、最後の最後まで生き延びることを願うものです。したがって、死が最大の危険であると思っているときには、むしろ生を願うものなのです。絶望には矛盾が存在するといってもいいかもしれません。

では、どうして人は絶望するのでしょうか？　ここでキルケゴールは、「絶望の定式」と呼ばれる論理を提示します。つまり、人間は自分が嫌になることがあって、時にその状態から抜け出したくなるものです。しかし、だからといって自己を捨て去ることはできません。それは、人間の中に神が存在しているからです。神という最後の砦があるからこそ、絶望を抱き、生きようとあがくというわけです。

　だからキルケゴールは、絶望は「死に至る病」だといいます。でもそれは、死病ということではなく、「死ぬことができない」という病です。**実は絶望を論じながらも、キルケゴールは前向きに生きることを訴えようとしていたのです。**その意味で彼の哲学は、自分で人生を切り開くことを説く実存主義の走りだといわれます。

　その証拠に、キルケゴールは、主体性が真理であると宣言しています。その主体性を見失った状態が、絶望にほかならないのです。そしてもう一度主体性を取り戻すべく、人はあがき続けるのです。あえていうならば、絶望は希望の裏返しでもあるわけです。

実存は本質に先立つ。

（サルトル『実存主義はヒューマニズムである』）

超訳

「自分の人生は自分で決めることができる！」

人生は変えられるのでしょうか？　サルトルは、まさにこの問いに向き合った人物です。彼は実存主義を唱え、「実存は本質に先立つ」と表現しました。実存とは自分のこの存在のことで、本質とは運命のことです。つまり、人間はすでにある何らかの本質に支配された存在では決してなく、自分自身で切り開いていくべき実存的存在にほかならないというわけです。

サルトルはこれをペーパー・ナイフを例に説明しています。ペーパー・ナイフというのは、作り方も用途も決まっています。その運命を変えるわけにはいかないのです。だからこの場合、ペーパー・ナイフの本質は実存に先立っているのです。しかし、人間の場合は、最初は何でもない存在です。それが後になってはじめて人間になるのです。しかも自らつくったところのものになるといいます。

サルトルの生きた20世紀は、社会がますます複雑化し、それと同時に国家の力がますます強大化していった時代です。人々はもはや個人の力など何の意味もないかのような無力感を覚え始めていました。そんな中でサルトルは個人の可能性を追求しようとしたのです。

したがって、実存が本質に先立つというのは、今ここに生きている自分のほうこそが、世の中のあり方を決めるのだという宣言にほかなりません。**自分の人生は世の中が決めるわけではありません。自分自身が決めるのです。**

とはいえ、現実には様々な制約があります。王様ではないのですから、何もかもすぐに思い通りにやるというわけにはいきません。サルトルも、人は与えられた状況の中で葛藤を続けるべきだと主張しています。

会社でもどうにもならないことがほとんどでしょう。特に若いうちはそうです。ただ、サルトルが主張したように、人間は黙ってその状況に甘んじなければならない存在ではないのです。私たちには、アンガージュマンする権利も力もあります。その意味で、自分の人生は自分で決めることができるのです。

誰もが自分の前を見つめるが、私のほうは自分の中を見つめる。

（モンテーニュ『エセー』）

超訳

「頭でっかちにならずに、自分の心を見つめ直せ！」

人間は勘違いする動物です。褒められるとすぐ調子に乗ります。少しうまくいくとなんでもできるように思ってしまいます。だからこそ自分の本当の力をしっかりと見極める必要があるのです。そのことを鋭く指摘しているのが、モンテーニュです。

彼は著書『エセー』の中で、「誰もが自分の前を見つめるが、私のほうは自分の中を見つめる」といっています。エセーというのは、今の「エッセー」つまり随筆のもとになったもので、モンテーニュは元祖エッセイストといってもいいでしょう。

彼は、当時のフランスで起きていた宗教戦争の悲惨な現状を見るにつけ、人間の理性に対して不信を抱くようになりました。つまり、自分は何でも知っている、自分こそが正しいという思い上がりが、そのような争いをもたらしていると考えたのです。

そこでモンテーニュは、「私は何を知っているのか？」と問いかけることで、懐疑論を唱えました。その際、自分の外にある知識に答えを求めるのではなく、徹底的に自分の心を見つめ直すことを要求しました。つまり、「頭でっかちにならずに、自分の心を見つめ直せ！」といいたかったのでしょう。

モンテーニュによる人間の定義は、驚くほど空虚で、多様で、変動する存在だというものです。**それゆえに、人間は目標がない時大きな問題を抱えます。つまり、立ちふさがるもののない風のように、魂が自分の中で迷って前後もわからなくなってしまうというのです。**だから魂には、いつも目標として向かっていく対象を与えてやらなくてはならないと主張します。

人間とはこのようにとりとめのない存在なのです。だからすぐ勘違いしてしまうのです。ただ、それを防ぐ方法はあります。それはモンテーニュのいうように、自分をよく見つめることです。あるいは先ほど触れたように、しっかりと目標を定めて、それに向かって邁進するということでしょうか。でないと舞い上がってしまうことになるからです。

メディアはメッセージ。

（マクルーハン『メディアの理解』）

超訳

「伝える媒体でメッセージは変わる！」

テクノロジーの進化によって、次々と新しいメディアが生まれています。スマートフォンやタブレット端末もそうですし、最近では身につけるコンピューター、ウェアラブルデバイスが登場しつつあります。それによって、私たちの生活も激変を余儀なくされるのです。そのことを鋭く訴えたのが、カナダの文明批評家で、メディア論の先駆者マクルーハンです。

私たちは、そうした新しいメディアがもたらすプラスの側面とマイナスの側面の両方をしっかりと意識しながら、それらとうまく付き合っていく必要があるのです。それには、各メディアの特性をしっかりと理解することが求められます。

その点でマクルーハンの、「メディアはメッセージ」という言葉が参考になります。

これは、メディアの形式ごとに、伝わるメッセージが変わるという意味です。手紙とメールでは、同じ内容でもニュアンスが変わるように。そこで彼は、メディアの質、あるいは解像度を基準にして、様々なメディアをホットかクールかに分類します。

ホットなメディアに分類されるのは、写真、映画、印刷物、ラジオです。これらは、高精細度で、与えられる情報量が多い、また受容者による補充が少なく、参与性が低いという特徴があります。これに対してクールなメディアに分類されるのは、電話やテレビです。これらは低精細度で、与えられる情報量が少なく、受容者による補充が大きい、参与性が高いといった特徴があります。

高精細度で情報量が多いものと、低精細度で情報量が少ないものの違いは、本とテレビを比べてもらうとわかるのではないでしょうか。また、受容者による補充、参与性というのは、人がどれだけかかわることを求められるかということです。たとえば、講演はホットで、セミナーはクールだといいます。

ホットかクールかというのも、どちらがいいという話ではなく、使い分けが大事だということです。メディアごとの特性をうまく利用して、時にホットな、また時にクールなビジネスパーソンとしてふるまう必要があります。

ツール
5

関連知識

プラスαの「関連する知識」
宗教、倫理、日本の思想

ツール5では、プラスαとして、西洋哲学以外の関連する知識を紹介しておきたいと思います。宗教、倫理、日本の思想の3つです。いずれもこれまでお話ししてきた西洋哲学に密接に関係しており、かつグローバルビジネスでも頻繁に話題に上る事柄です。

▼宗教に関する必須知識

グローバルビジネスにおいて、ある意味で宗教の知識は西洋哲学の知識以上に重要です。イスラームの戒律を知らなかったばかりに、排斥運動を受けたという話がよくニュースになります。だから正確な理解が不可欠なのです。

まずは世界の主要な宗教を押さえておく必要があります。なんといっても最大の宗教はキリスト教です。世界人口の3割以上の信者を抱えます。キリスト教はユダヤ教を母体として、イエス・キリストによって創設されました。それがローマ帝国の国教となることで、世界宗教として発展していったのです。

いまや多くの宗派に分かれるキリスト教ですが、中心となるのはカトリックとプロテスタントです。カトリックは教皇を中心とする一つの組織体で古くから存在しますが、16世紀にルターらの手によって改革が起こり、プロテスタントが誕生しました。

したがって、プロテスタントはルターによって掲げられた信仰義認、聖書主義、万人司祭主義の3つを特徴としているのです。いわば形式を重んじるカトリックに対し、内面の信仰を重視する立場だといっていいでしょう。

ちなみに、数は少ないですが、キリスト教の母体となったユダヤ教は、今も世界で重要な意味を持っています。苦難の歴史の末、イスラエルを建国したユダヤ教の人たちは、世界経済に大きな影響力を持っているともいわれます。その意味で、アメリカの政治にも影響力を行使しています。

もちろん、世界経済や政治への影響という点では、キリスト教の次に多いイスラームに今最も着目する必要があるでしょう。世界人口の約2割の信者を抱えます。つまり5人に1人はイスラームの信者なのです。宗派としては、最大の勢力であるスンナ派（スンニ派とも）と、それに対抗するシーア派が主なものといえます。イスラームとはそもそも絶対服従を意味する語で、その名のとおりアッラーという神のみを強く信じる一神教です。7世紀に誕生した比較的新しい宗教であるにもかかわらず、世界中に信者を抱える世界宗教へと発展しました。

イスラームは戒律が厳しいので有名です。とりわけ食物の禁忌には注意が必要です。グローバルビジネスでもよくトラブルのもとになっています。以前ある化学調味料が、イスラームの禁忌である豚肉由来の成分を使っていたとして大きな問題になりました。アルコールも基本的にだめです。最も最近は、日本でもイスラームの戒律に即していることを意味する「ハラル認証」のレストランが増えつつあります。

あるいは、服装についても厳しい決まりがあり、女性はブルカを被らないといけないのに、ヨーロッパで公の場ではとる法律ができて論争になったりしました。男性もへそより下で膝より上は隠さないといけないため、日本の漫画「クレヨンしんちゃん」がお尻を出していることが問題になったりしました。

イスラームに関してもう一点知っておかなければならないのは、テロとの関係です。よくイスラーム過激派がテロを起こしたりするので、イスラーム全体に偏見を持ちがちですが、あれは一部の人間であることに注意が必要です。またイスラームと西欧社会との摩擦の原因として、表現の自由をめぐる問題がある点にも注意が必要です。というのも、イスラームでは偶像崇拝を禁じており、預言者ムハンマドの顔など

《 世界の主な宗教 》

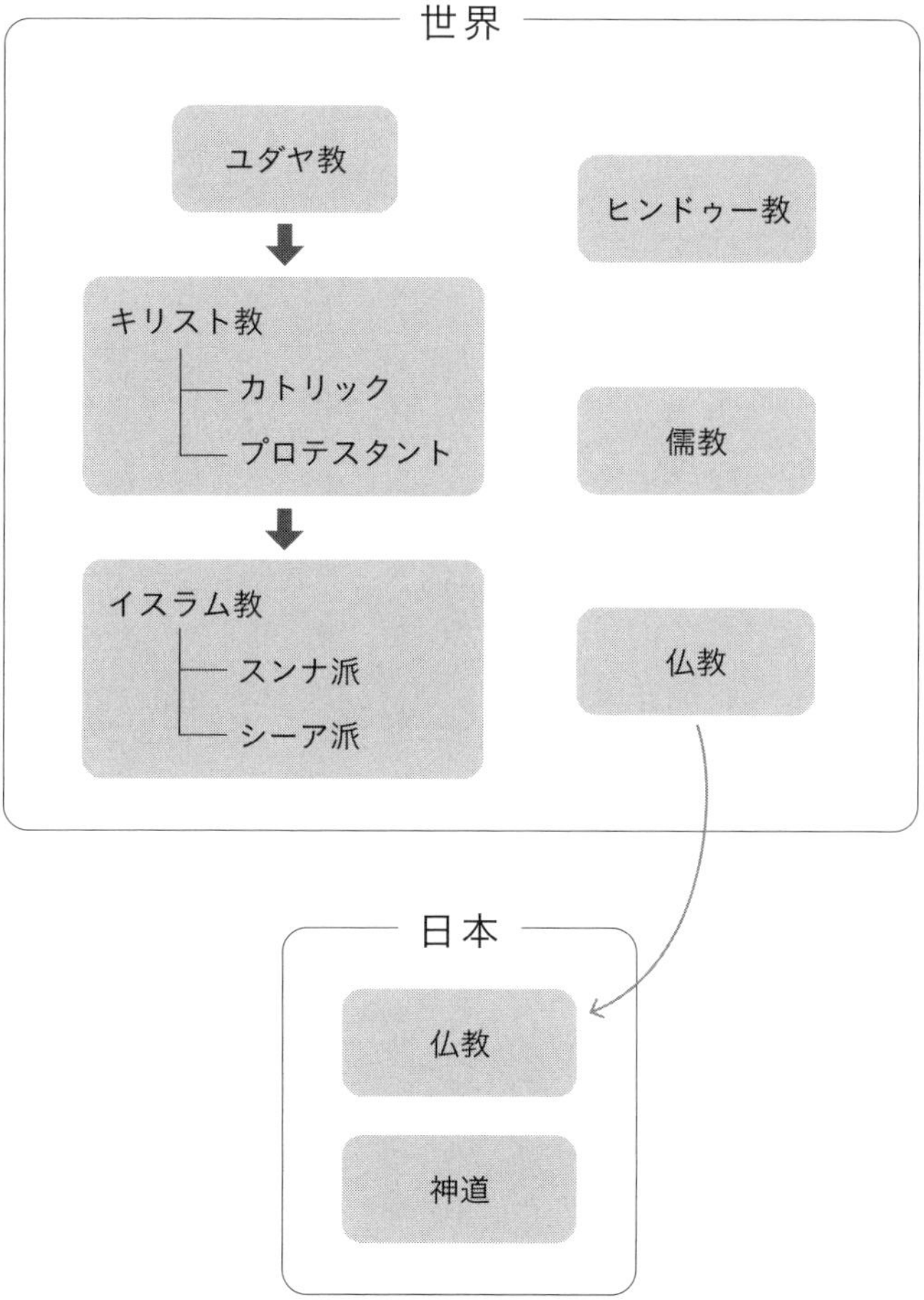
世界
ユダヤ教
キリスト教
カトリック
プロテスタント
イスラム教
スンナ派
シーア派
ヒンドゥー教
儒教
仏教
日本
仏教
神道

を描いてはいけないのです。他方、西欧社会には表現の自由があるため、出版物に風刺画を掲載して再三問題になっています。これは個人的にも気をつけなければなりません。知識がないことで大きな問題につながりかねないからです。

次に多いのはヒンドゥーで、世界人口の1割強です。ヒンドゥーはインドで最大の信者数を抱える宗教です。実はヒンドゥーとは、インドの多様な信仰の総称なのです。仏教も仏陀によってインドで創始されましたが、今は東南アジアに広がっています。信者は6%ほどです。日本でも6世紀に本格的に伝えられて以来、主要な宗教となっています。悟りによって苦しみから解放されることを目指しています。

信者の数はぐんと減りますが、歴史的に日本となじみ深いのは、仏教や儒教です。仏教は仏陀がインドで開いた宗教で、中国や朝鮮半島を通じて日本に伝わった大乗仏教と、東南アジアに伝わった上座仏教の二つに大きくわかれます。日本では奈良時代から鎌倉時代にかけて日本独自の仏教が発展します。中でも禅宗は海外でZENとして知られ、ヨガの感覚で幅広く受け入れられています。

儒教は孔子が始めた儒学が元になっており、日本では江戸時代に朱子学として幕府によって受け入れられました。戦前は忠孝を重んじる儒教の精神が教育に影響を与えたりしましたが、現代日本ではもはや儒教的精神は廃れてしまったといっていいでしょう。

日本人であれば、神道についてもある程度知っておく必要があるでしょう。神道はもともと自然崇拝から始まった多神教の宗教で、儀式を通じて神と通じ合う点に特徴があります。地域の守護神としての側面と、戦前の国家神道に象徴されるように、国家の祭祀として国家全体を守護するという側面の2つがあるといえます。

日本人は年始に神社に参拝し、お盆やお葬式は仏式で営み、クリスマスには教会に行くと揶揄されます。日本以外では理解しがたい行動様式なのでしょうが、特定の宗教に固執しないこの世俗的な態度が、逆に異質なものへの日本人の寛容さを象徴しているように思えます。したがって、決して臆することなく、グローバルな舞台でも自信をもって宗教と向き合えばいいのではないでしょうか。

国家全体を守護する神道については、戦後、国家神道そのものは解体されたものの、今なお問題が残っています。たとえば、閣僚の靖国参拝をはじめ政教分離の問題が議論になっているのです。この問題については、中国や韓国との歴史認識に関する見解の相違も絡んでいるので、グローバルな次元でとらえておく必要があるでしょう。

▼倫理に関する必須知識

倫理といっても幅広い概念で、何が必須なのかも確定しにくいのが現実です。高校で「倫理」という科目を学びますが、西洋哲学と日本思想と宗教、さらに心理学などの寄せ集めになっています。そもそも倫理とは、正しい行いの規範をいうわけです。その意味ではグローバルビジネスにおいても不可欠の知識であるといえます。

ここでは主要な3つの考え方を押さえたうえで、応用倫理と呼ばれる現代的課題への倫理の応用について話をしておきたいと思います。

まずは二大倫理としてよく対比される功利主義とカントの義務論についてみていきます。功利主義を唱えたのは、イギリスの思想家ジェレミー・ベンサムです。すでに別の箇所でも紹介しましたが、功利主義とは、ある行為の善悪についての判断を、それが幸福や快楽をもたらすか否かに求める倫理観のことです。そして、幸福や快楽の量が多ければ多いほどよしとされます。

この原理を社会に適用すると、社会にとってのよい行為とは、構成要素である一人ひとりの幸福や快楽を足し合わせてより大きくなるような行為であるということになります。それが「最大多数の最大幸福」という有名なスローガンによって表現されている内容です。

このスローガンによると、社会の利益を最大化するためには、少数の人が幸福になるよりも、多数の人が幸福になる行為のほうが望ましいのは明白です。また、その幸福がより大きくなるのであれば、なるべくそのような行為のほうが望ましいということになります。

そうすると、不幸になる少数の人のことはおかまいなしです。一見ひどい発想のようですが、実は私たちの社会はこの功利主義に基づいて設計されています。たとえば、交通事故によって毎年死傷者が出るのをわかっていながら、私たちは便利さを優先して車社会を続けているのですから。

ただし、このように幸福や快楽の量だけをとにかく重視するベンサムの立場に対しては、高貴な快楽も下賤な快楽も区別しない豚向きの学説などといった批判がなされることがあります。そこでイギリスの政治経済学者J・S・ミルは、ベンサムとは異なり、幸福や快楽の「質」に着目しました。

この考え方なら、功利主義のメリットを生かしつつ、人間の個性に配慮することができるからです。功利主義はもはや豚用の学説ではなくなります。実際ミルは、「満足した豚であるよりも、不満足な人間であるほうがよく、満足したバカであるより、不満足なソクラテスであるほうがよい」といっています。ミルの功利主義にしたがうなら、量は少なくとも、質さえよければ幸福だといえるわけです。

これらの功利主義に対抗する哲学が、カントの義務論です。カントは「〜すべし」というように、正しい行いについては無条件の義務を求めます。これは「定言命法」と呼ばれ、「もし〇〇ならば〜せよ」というように条件によって行動を変えてしまう「仮言命法」とは正反対の態度といえます。

定言命法は、「あなたの意志の基準が、常に皆の納得する法則に合うように行為しなさい」という形で公式化されています。私たちの行為の基準は、誰が採用しても不都合や矛盾の生じない、常に当てはまる原則に基づいたものでなければならないという意味です。

なぜなら、道徳というのは、条件次第で変わるものであってはいけないからです。たとえば、お金を積めば道徳の基準が変わるというのはおかしな話です。つまり、カントは「嘘をつかない」とか、「困っている人がいれば助ける」といった道徳的な行

《 倫理の体系 》

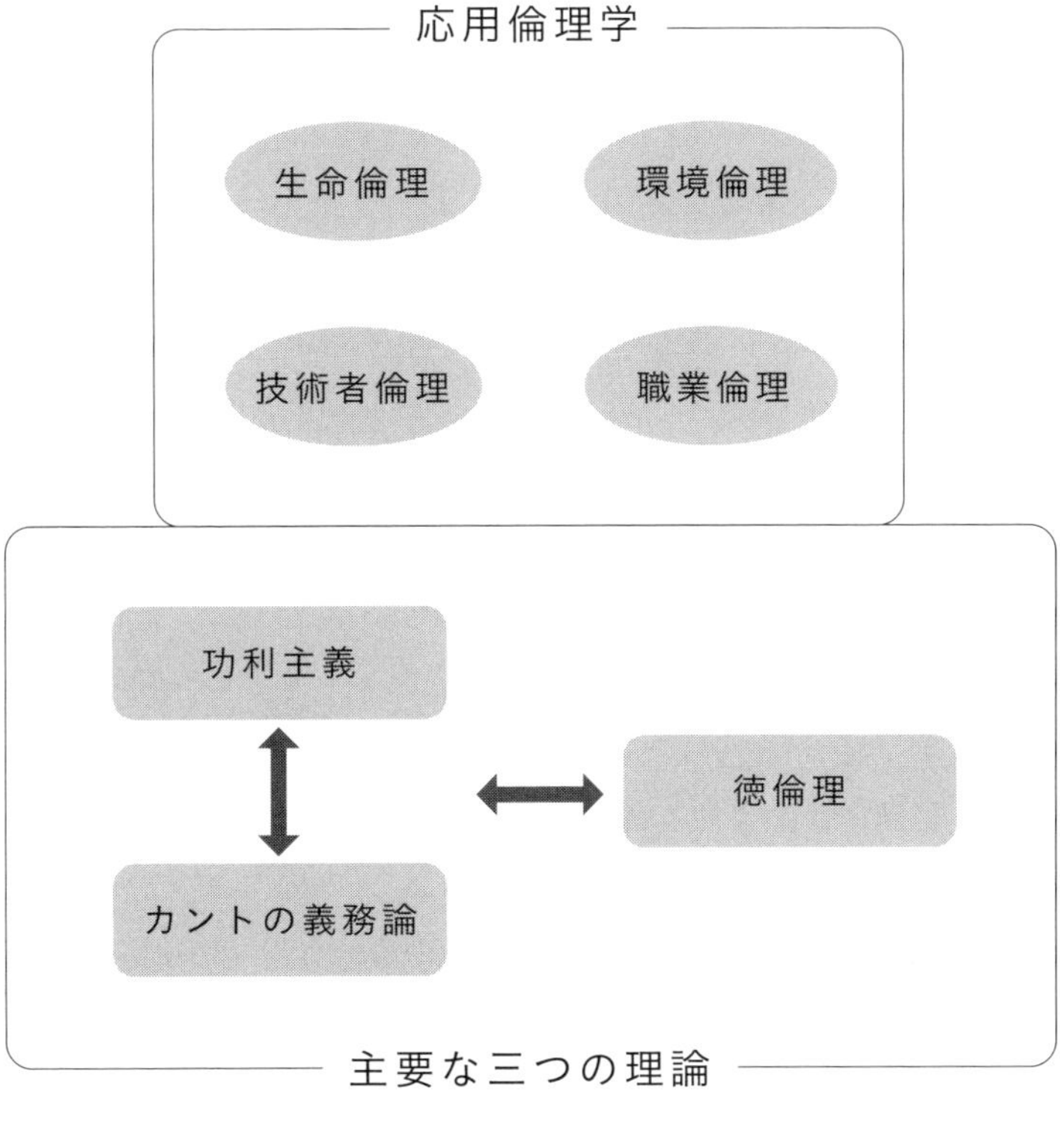

為は、どういう状況であったとしても常に求められるべきものだといっているのです。

問題は、この原理によっても何が正しいかという中身までは確定することができない点です。これについてカントは、「人間を決して手段にすることなく、目的として扱いなさい」という内容の公式を提示します。

つまり、人間の人格を尊重することだけは、道徳の原理として絶対に正しいとされるわけです。なぜなら、人間は動物と異なり、強制されなくても自分で自分を律することができるからです。この自律性こそが意思の自由の現れです。そのような意思の自由をそなえた人間は、常に尊重すべきかけがえのない存在なのです。

次に、これら二大倫理に対抗する形で、第三の倫理として注目を浴びる徳倫理学を紹介しておきます。徳倫理学とは、行為選択の基準を徳のある人間が行うであろう行為に求める考え方です。この場合、一人ひとりが徳を陶冶《とうや》することで、そうした徳のある人間と同じ行為がとれるようになるのです。

では、どうすれば徳を身につけることができるのか？　それはアリストテレスのいう習慣によってはじめて可能になるといいます。つまり共同体における日々の生活実践の中で何が正しいかを身につけていくことで、私たちは有徳《うとく》な人間になるのです。

このように行為や結果ではなく、人間の性格そのものに倫理の根拠を求める点で、徳倫理学は特徴的であるといえます。

最後に、応用倫理学についてお話ししておきましょう。応用倫理学とは、文字どおり従来の倫理学を現代的な問題に応用する学問のことです。具体的な分野としては、生命倫理や環境倫理、あるいは技術者倫理や職業倫理といった様々な分野があります。いずれにも共通しているのは、すでに述べてきた古代ギリシア以来の西洋哲学の概念を応用すると同時に、それに加えて新たな規範を定立しようとしている点です。

たとえば環境倫理の分野では、人間中心主義を超えるためのディープ・エコロジーという概念や、世代を超えて倫理を分かち合うための世代間倫理の概念が唱えられたりしています。私の場合工業高専で教鞭をとっていることから、大学四年生に当たる生徒たちに技術者倫理を教えています。彼らがエンジニアとして巣立っていったあと、ものづくりの現場で出くわす問題は、テクノロジーの進化に比例して発生してくるこれまでにないものばかりでしょう。だから新しい倫理について議論し続けることが求められるのです。

▼日本思想に関する必須知識

日本思想については、歴史上、神道、仏教、儒学、国学、狭義の明治以降の日本哲学、啓蒙思想、戦後民主主義が変遷してきた事実を押さえたうえで、とりわけ狭義の日本哲学についてしっかりと学んでおく必要があります。日本思想に関する知識はどの国の人でも知っているわけではありませんが、日本人である以上、グローバルな舞台で活躍する際、必ず知っているものとみなされます。その点で必須なのです。

とはいえ、神道、仏教、儒学、国学については、日本史でも詳しく学ぶので、比較的私たちにはなじみがあるといっていいでしょう。これに対して狭義の日本哲学は、あまり学ぶ機会がありません。そこを中心にお話ししたいと思います。

狭義の日本哲学とは、いわゆる京都学派のことです。創設者である西田幾多郎の「無の哲学」に象徴されるように、西洋の「有の哲学」に対抗するものとして考案された思想です。その意味で、西洋の価値の限界を超える試みとして有効であるといえます。

そして、京都学派そのものではないですが、同時代の哲学として和辻哲郎の倫理学

《 日本思想 》

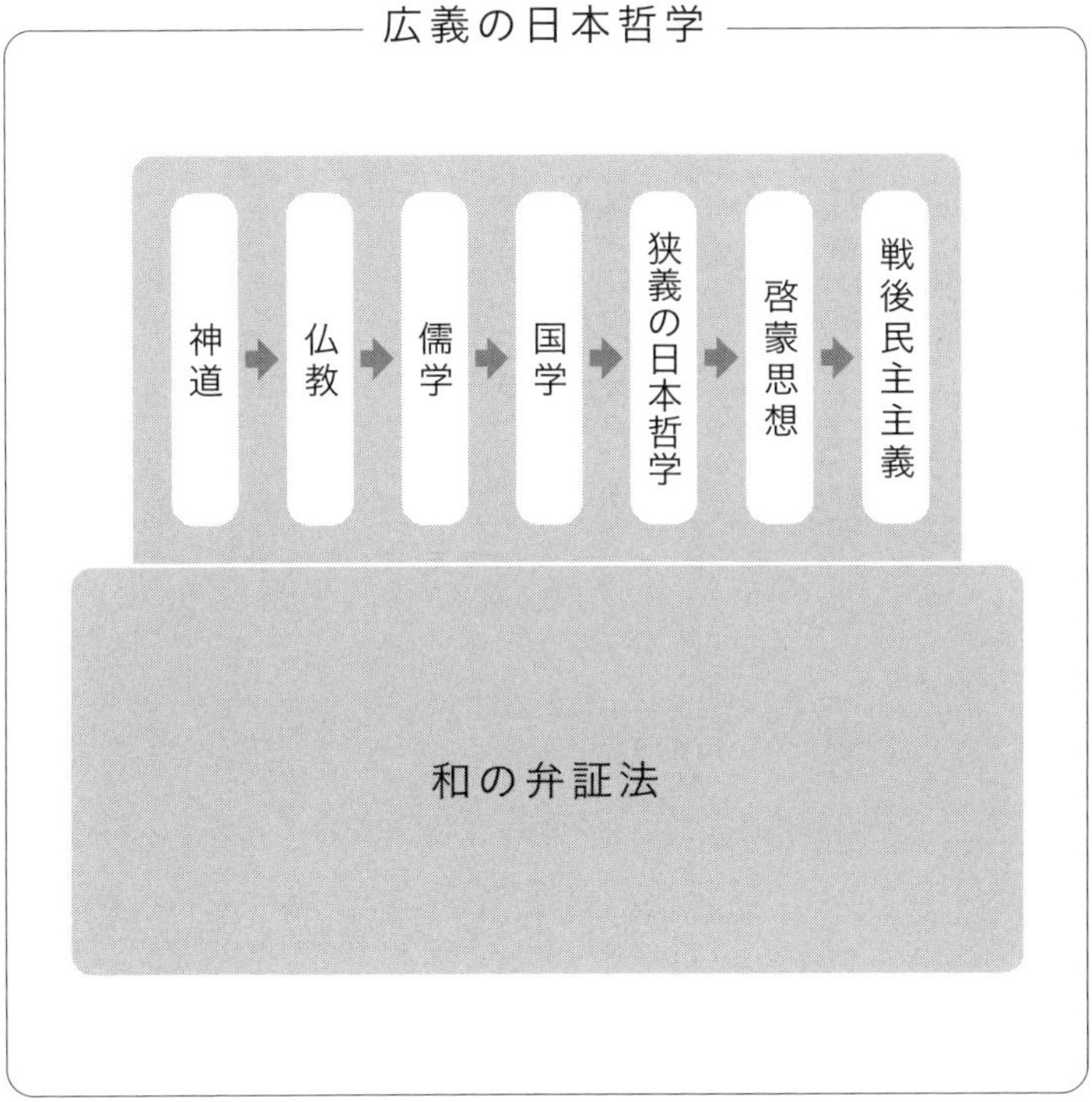

についてはぜひ知っておく必要があるといえます。なにしろ著書『倫理学』等を通して、和辻倫理学と呼ばれる独自の倫理学体系を築いた人物です。これは西洋の哲学を乗り越えるべく、「間柄」という人間の関係性や、「風土」に着目した日本特有の思想です。いわば西洋哲学的な正しさの限界に対するオルターナティブとして、和辻の思想を位置付けることができるように思うのです。

ところで、私は神道や仏教以降、近現代に日本に入ってきた西洋思想も含め、すべてひっくるめて「日本哲学」と呼んでいます。通常は日本の思想などといいますので、特殊な呼称を用いているわけですが、それには理由があります。

日本では、明治時代に西周《にしあまね》が「フィロソフィー」を「哲学」と訳して以降、西洋から入ってきた哲学の研究を日本哲学と呼ぶ習わしがあります。ところが、中国もインドも、大昔からの自分たちの思索を哲学と呼んでいます。なぜ日本だけが自虐的に、「哲学」は西洋からもたらされた西洋特有のものだなどといっているのか。そこには何の根拠もないのです。

もちろん、日本の場合、神道、仏教、儒学、国学、西洋からもたらされた思想の数々、狭義の日本哲学など、あまりにもバラバラなため、一括りにできないからだという指摘もあるでしょう。とはいえ、これらはいずれも日本の歴史の中で日本の思想として享受されてきたものであって、なんらかの共通点や一貫性があるはずなのです。

そこで私が着目したのは、「和の弁証法」という概念です。弁証法とは、近代ドイツの哲学者ヘーゲルによるもので、ある事柄「正」に対して生じた問題「反」を、切り捨てることなくうまく発展させて、より完璧な状態「合」を生み出す論理です。

この論理を使うと、日本の場合は常に外来思想を「反」として取り込み、新たな哲学「合」を生み出してきたと考えることが可能なのです。なぜこのようなことが起こるかというと、日本人は「和」を求める国民だからです。時に外来思想におもねってまでも、ハーモニーを奏でようとするこのメンタリティが、「和の弁証法」を可能にするのではないでしょうか。その意味で日本哲学は、「和」に貫かれた一かたまりの強靱な思想であるということができるわけです。だからこそ西洋哲学の正しさに対するオルターナティブたり得るのです。

ツール
6

人物

マークしておくべき「重要人物」

ツール6では、マークしておくべき重要人物20人を簡単に紹介していきます。

ソクラテス ［前469頃－399］

古代ギリシアの哲学者。ソフィストと呼ばれる詭弁家たちに次々と質問を浴びせかけ、知らないことに謙虚になるほうがいいという意の「無知の知」を悟るに至ります。真理を探究するためのこの問いかけは「問答法」と呼ばれ、その後の哲学の基本スタイルとなりました。

晩年は、国家を冒瀆《ぼうとく》し、若者を堕落させたかどで裁判にかけられ、死刑を宣告されました。著書は一つも残しませんでしたが、その思想はプラトンの『ソクラテスの弁明』等で知ることができます。

POINT

- 哲学そのものの代名詞として名前が挙げられる人物。
- 対話の方式として、彼の用いた問答形式が話題になることがある。

プラトン［前427－347］

古代ギリシアの哲学者。ソクラテスに出会い、弟子になりました。40歳の頃アカデメイアという学校を創設します。思想的には、現実の世界に対して、完全な理想の世界としてのイデア界があると主張。その意味で理想主義者と目されます。

他方で、四元徳に基づく政治を説き、哲学を身につけた人間が支配する哲人政治（哲人王）による理想の国家論を唱えたことでも有名です。著書に『ソクラテスの弁明』『饗宴』『国家』等があります。

POINT

- 理想主義者の代名詞のように用いられることがある。
- 民主主義の対極にあるエリートによる支配を強調したいとき、彼の哲人政治（哲人王）という概念が用いられることがある。

アリストテレス［前384－322］

古代ギリシアの哲学者。論理学、自然学、哲学、倫理学、政治学などの学問を集大成したことから、「万学の祖」と称されています。徳のあり方として、過不足のない適切な程度という意味の中庸という概念を説いています。そのため、師であるプラトンの理想主義に対して、現実主義的であるともいえるでしょう。

アテネ郊外に学園リュケイオンを創立。マケドニア王の招きで、後のアレキサンドロス大王の家庭教師を務めたことでも知られています。著書に『自然学』『政治学』『ニコマコス倫理学』等があります。

POINT

- 理想主義者のプラトンと比較して、彼の名前が現実主義者の代名詞として用いられることがある。
- 中庸を説く彼の倫理学が、職業倫理あるいは技術者倫理として注目されている。

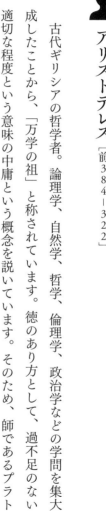

ルネ・デカルト［1596－1650］

近世フランスの哲学者。疑い得ないのは自分の意識だけであるという発見をし、近代哲学の礎を築いた人物。その思想は、「我思う、ゆえに我あり（コギト・エルゴ・スム）」という言葉に象徴されています。また、そこから心と身体を別のものと考える心身二元論を唱え、後世に至るまで物議を醸します。

哲学にとどまらず数学や自然学、生理学などの幅広い分野においても、多くの業績を上げています。たとえば彼は、著名な数学者でもあり、ガリレオに伍する科学者でもありました。著書に『方法序説』『省察』『情念論』等があります。

POINT

- フランスは哲学を重視するという意味で、「フランスはデカルトの国だ」というセリフをよく耳にする。
- 「我思う、ゆえに我あり」が、自分を信じるべきという意味で使われることがある。

ジャン・ジャック・ルソー［1712－1778］

フランスの哲学者。実は音楽家としても有名で、あの「むすんでひらいて」の楽曲は、ルソーの作です。一応結婚もしますが、5人の子どもをすべて孤児院に送ったことでも知られています。

38歳の時、懸賞論文の当選がきっかけで、ようやく思想家としてデビューします。50歳の時には名著『社会契約論』を出版したものの、危険思想のレッテルを貼られたため迫害を受けます。著書に『社会契約論』『エミール』『人間不平等起源論』等があります。

POINT

- ヨーロッパではフランス革命は最頻出事項であり、それを精神的に支えた人物としてよく言及される。
- 私生活のいい加減さと思想の偉大さにギャップがある点が話題になる。

イマヌエル・カント［1724―1804］

近代ドイツの哲学者。思想的には、ヒュームの哲学に接し、独断のまどろみから目覚めたといいます。経験論と合理論というそれまでの哲学の二大潮流を総合して、批判哲学を完成しました。「ドイツ観念論」の基礎を築いた人物といっていいでしょう。

また、カント倫理学と呼ばれる厳格な倫理学は、無条件に正しい行いを要求するもので、現代倫理学の古典となっています。さらに、国際連盟の基礎となる平和思想を唱えるなど、幅広い思索を展開しました。著書に『純粋理性批判』『実践理性批判』『判断力批判』『永遠平和のために』等があります。

POINT

- ビジネスにおける倫理が話題に上ると、必ずといっていいほど彼の倫理学に言及することになる。
- 難解な物事を表す代名詞のように、彼の名前が挙げられることがある。

ジェレミー・ベンサム［1748―1832］

イギリスの思想家。快楽を生むものが善であり、苦痛を生むものが悪であるという前提のもと、行為の善悪はこの快苦を増すか否かによると主張。これは功利主義と呼ばれ、「最大多数の最大幸福」というスローガンによって象徴されます。

また、当時イギリスの私法が混乱していたことから、法律の改正にも尽力し、救貧法の改正や刑務所改革などに関わります。その後ベンサムの功利主義はJ・S・ミルによって批判的に継承され、現代に至るまで大きな影響を及ぼしています。著書に『政府論断片』『道徳および立法の諸原理序説』等があります。

POINT

- 利潤の最大化を目的とするビジネスは、基本的に彼の功利主義に基づいているため、よく名前が出る。
- 会社や上司による監視を揶揄する際、パノプティコン概念に言及することがある。

G・W・F・ヘーゲル［1770－1831］

ドイツの哲学者。ヘーゲルは、近代哲学の完成者と称されます。その名のとおり、近代においてあらゆる哲学を体系化し、完成させた人物です。したがって、その後の時代の哲学者たちにとっては、ヘーゲルの体系を崩すことが使命になりました。

そんなヘーゲルも若いころは不遇で、37歳の時『精神現象学』でデビューするまでは、大学の正規の職にもついていません。それでも、最後は学問行政のトップであるベルリン大学の総長に就任して、後進国プロイセンの改革に貢献しました。著書に『精神現象学』『法の哲学』『論理学』等があります。

POINT

- 問題解決が話題になる時、彼の弁証法の理論が取り上げられることがある。
- 歴史の発展が話題になる時、自由主義を最後に位置づける彼の歴史哲学が取り上げられる。

カール・マルクス［1818－1883］

ドイツの哲学者、経済学者。新聞の編集者として反政府の立場から発言し、新聞は発禁処分を受けます。ロンドンに亡命してからは、研究に没頭する人生を送りました。あらゆる社会の歴史は階級闘争の歴史であり、その闘争が資本主義の崩壊と、革命による労働者階級の勝利をもたらすと主張。資本主義の仕組みを科学的に解明する科学的社会主義思想を生み出しました。盟友エンゲルスの援助を受けながら、人間疎外からの解放を目指す「マルクス主義」を確立し、後世に大きな影響を及ぼしました。著書に『共産党宣言』『経済学・哲学草稿』『資本論』等があります。

POINT

- 資本主義の象徴ともいえるビジネス行為の対極にあるものとして、マルクス主義という名称がよく登場する。
- 学生時代の話をする時、昔学んだ役に立たない教養の代名詞として用いられる。

フリードリヒ・ニーチェ［1844－1900］

ドイツの哲学者。古典文献学を学び、弱冠20代半ばでバーゼル大学の教授に就任。ところが、病気のためわずか10年ほどで大学を去ることになります。

思想的には、まず生の歓喜と厭世、肯定と否定を芸術面から二元的に考察しました。また、キリスト教を奴隷道徳と位置づけ、「神は死んだ」と宣言。同じことの繰り返しである永遠回帰を、力への意志によって肯定し、強く生きることを主張します。これがいわゆる「超人」思想です。著書に『悲劇の誕生』『悦ばしき知識』『ツァラトゥストラはこう言った』等がある。

POINT

●「神は死んだ」をはじめとして、彼一流のアフォリズムが話題になる。

●独自の苦しみを受け入れる思想が話題になることがある。日本では『超訳ニーチェの言葉』がベストセラーになった。

ハイデガー［1889―1976］

ドイツの哲学者。フッサールの現象学に影響を受け、存在するとはどういうことかを初めて本格的に追求した人物です。自分で人生を切り開くという意味での実存主義にも分類できます。世界の中にある存在として、本来の自己を見失っている私たちは、自分が代替不可能な「死への存在」であることを自覚すべきだと主張しているからです。そんな人間を「現存在」と呼んで区別しています。

残念なことに、ナチスに肩入れしてフライブルク大学の総長に就任したため、戦後は大学を追われる身となってしまいます。著書に『存在と時間』『ヒューマニズムについて』『形而上学入門』等があります。

POINT

- とりわけヨーロッパでは、ナチスに与《くみ》したということで話題になることがある。
- 最近はテクノロジーが話題になる時、彼の技術者論が取り上げられることがある。

ジャン・ポール・サルトル［１９０５－１９８０］

フランスの哲学者。学校で出会った才媛ボーヴォワールと、生涯正式に結婚することなく恋人関係を続けました。小説『嘔吐』で鮮烈なデビューを果たした後は、刺激的な小説や戯曲を世に問い続けます。

高等中学校の教師を務めましたが、結局大学に籍を置くことはありませんでした。その意味で、彼は在野の哲学者であり、文学者でした。さらにマルクス主義にも接近し、アルジェリア独立闘争をはじめ、多くの社会運動に積極的に参加（アンガージュマン）しました。著書に『嘔吐』『存在と無』『実存主義とは何か』等があります。

POINT

- フランスで政治や文学の話になると必ず話題に上る人物。
- 西洋で男女の関係について話すと、彼とボーヴォワールの自由な愛の形が話題に上ることがある。

ジグムント・フロイト［1856―1939］

オーストリア出身の精神分析家。フロイトは、診察と研究の中から、精神分析学を生み出しました。彼の精神分析は、人間の幼少期の経験に着目するもので、中でも性的体験を重視する幼児性欲論が有名です。とりわけエディプス・コンプレックス概念は、自我形成における様々な障害を説明するものとして大きな影響を与えました。また、人間の無意識の部分をはじめて本格的に解明したとして、デカルト以来の意識中心の哲学の潮流に大きな疑問を投げかけた点でも重要です。著書に『夢判断』『精神分析入門』等があります。

POINT

- 関係者の性格について論じるときに、フロイトの理論に言及することがある。
- 心の傷を意味するトラウマという用語が、一般に過去の失敗を意味する語として使われることがある。

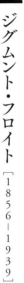

ルートヴィヒ・ウィトゲンシュタイン［1889-1951］

オーストリア出身の哲学者。研究していた最中、突然寒村に隠遁したり、戦争に参加するなど、風変わりな人生を送ります。20代で『論理哲学論考』をまとめると、哲学を極めたと宣言し、小学校教諭として田舎に赴任します。これは彼の前期の思想で、後に論理実証主義という大きな潮流へと発展しました。

かつての自分の哲学に間違いを発見し、もう一度大学に戻ることになるのです。そこで言葉の意味は文脈で決まるとする「言語ゲーム」概念を中心とした後期の思想を完成するに至りました。著書に『論理哲学論考』『哲学探究』があります。

POINT

- 意志の疎通について話題になるとき、言葉の意味は文脈で決まるとする彼の「言語ゲーム」という概念に言及することがある。
- 早熟の天才の代名詞として彼の名前が挙げられることがある。

レヴィ＝ストロース［1908－2009］

フランスの文化人類学者。高校の哲学教師としてキャリアをスタートした後、ブラジルのサン・パウロ大学に社会学講師として赴任。そこで現地の部族を調査研究し、文化人類学に転向します。

1959年にはコレージュ・ド・フランスの社会人類学講座の初代教授となります。その後『野生の思考』を刊行し、構造主義ブームを巻き起こしました。レヴィ＝ストロースは、文明の構造的な理解や関係性に注目することで、西洋近代の優位性をくつがえそうとしたのです。著書に『悲しき熱帯』『野生の思考』等があります。

POINT

- 西洋や文明的なものを批判する文脈で、彼の名前が出てくることがある。
- 視点が近視眼的になっているとき、彼の構造主義を用いるよう言われることがある。

ミシェル＝フーコー［1926－1984］

フランスの哲学者。フーコーは同性愛という自らの抱える悩みに苛まれ、精神的に不安定な青年期を過ごしたといいます。コレージュ・ド・フランスの教授に就任してからは、政治闘争にも積極的に関わり始めました。80年代には、ベトナムのボートピープル支援、ポーランドの「連帯」支援などを行っています。

こうしたフーコーの政治闘争は、政治的イデオロギーを振りかざすような大上段に構えたものではなく、あくまでも専門家として個別の問題に取り組むスタイルをとっていた点に特徴があります。残念ながら最後はエイズによって生涯を閉じました。著書に『狂気の歴史』『言葉と物』『監獄の誕生』等があります。

POINT

- 権力批判の文脈で、彼の徹底した姿勢について言及されることがある。
- 同性愛やエイズの話が出た時に、フーコーの名前が挙げられることがある。

ジャック・デリダ［1930－2004］

フランスの現代思想家。高等師範学校の教師等を経て、自ら国際哲学院を設立して初代院長となります。ポスト構造主義を代表する思想家で、国内にとどまらず、世界各国で講演活動を展開しました。その思想は、「脱構築」という概念に象徴されるように、古代以来の西洋哲学を根底から無力化しようとする営みであるといっていいでしょう。脱構築概念によって、それまで自明とされてきたロゴス中心主義をはじめとする西洋哲学の伝統は、完全に崩されてしまいました。著書に『エクリチュールと差異』『声と現象』『グラマトロジーについて』等があります。

POINT

- 現代思想といえば、代名詞のように彼の名前が挙げられることがある。
- 彼の脱構築概念が、建築をはじめとした様々な分野で使われているので、よく名前が出てくる。

ユルゲン・ハーバーマス［1929－］

ドイツの哲学者。ヒトラー・ユーゲントの一員として少年時代を過ごしますが、その経験から近代の道具的理性を批判し、コミュニケーション的理性を掲げるに至ります。そして、社会システムによる生活世界の植民地化が生じているとして、開かれた討議の重要性を訴えたのです。実際、自らも積極的に論争を行っています。

さらに、『公共性の構造転換』によって、公共性の概念にも現代的な意義づけを行いました。とりわけ公共圏としての市民社会の存在に着目し、現代公共哲学の礎を築いた人物といっていいでしょう。著書に『コミュニケーション的行為の理論』『公共性の構造転換』『事実性と妥当性』等があります。

POINT

- 現役の哲学者なので、彼の出身国のドイツを中心にヨーロッパではよく話題に上る。
- 熟議が求められる際、彼のコミュニケーション的行為概念が参照されることがある。

ジョン・ロールズ［1921－2002］

アメリカの政治哲学者。ハーバード大学教授。実用的な学問が偏重される中にあって、政治哲学の復権をはかった人物だといわれています。思想的には、功利主義に批判を加えながら、民主主義社会の基本原理としての倫理学を構想。特に現代リベラリズムの古典となった大著『正義論』では、自由で平等な個人が、社会制度のルールをつくり、公正を社会正義の中核とする平等主義的な立場を主張しました。

1960年代には、ベトナム反戦運動などで、兵役拒否の思想的根拠を探るなど、社会とのかかわりについても積極的に発言。著書に『正義論』『政治的リベラリズム』『万民の法』等があります。

POINT

- ビジネスにおける正義を論じるとき、彼の名前が挙げられることがある。
- 政治、特に福祉や戦争が話題になったとき、彼の正義論が話題になることがある。

マイケル・サンデル［１９５３―］

アメリカの政治哲学者。ハーバード大学教授。思想的には、コミュニタリアニズムの立場から、道徳的議論を行う必要性を説いています。ＮＨＫの「ハーバード白熱教室」という番組によって、日本でも話題になりました。

80年代にロールズを批判し、いわゆるリベラル・コミュニタリアン論争を巻き起こした中心人物です。また最近では市場経済の矛盾に関心を寄せ、市場のモラルのあり方について発言を展開している点でも注目されます。著書に『リベラリズムと正義の限界』『これからの「正義」の話をしよう』『民主政の不満』等があります。

POINT

- １０００人を相手に対話式授業を行う彼の手法が話題になることがある。とりわけ日本ではＮＨＫ「ハーバード白熱教室」を見ていたビジネスパーソンが多い。
- 市場におけるモラルや正義が話題になる時、彼の善に関する議論が出てくる。

ツール
7

用語

知っておくべき「必須の用語」

ツール7では、知っておくべき必須の用語20について、超訳と共に紹介します。

コペルニクス的転回

超訳

180度の発想転換

解説

コペルニクス的転回とは、対象が存在していて、それを認識がとらえるのではなく、逆に対象のほうが認識に従うというカントの考え方を指します。たとえば、通常私たちが目の前に存在するリンゴを認識するのは、リンゴを目でとらえ、リンゴがあると頭で思ったときです。しかしカントは、逆にリンゴを目でとらえ、そこにリンゴがあると思うことではじめて、リンゴが存在するというふうに考えたのです。

用例

利益をまったく考えないビジネスなんて、まさにコペルニクス的転回だね。

ポストモダン

超訳――近代を批判的にとらえる現代思想

解説

ポストモダンとは、近代以降の思想を総称する概念で、文字通りモダンの後という意味です。近代の思想は、いずれも人間の知の無限の可能性を追求してきました。つまり、近代という時代は、人間の理性を最大限に開花させたはずだったのですが、ふたを開けてみると、貧困や戦争、大量虐殺など多くの矛盾を生み出していました。

そこで、近代のあり方を批判的に反省するために登場したのがポストモダンだったのです。

用例

一人ひとりに合わせたマーケティングを展開するなんて、いかにもポストモダン的な発想だね。

ルサンチマン

超訳

負け惜しみ

解説

哲学用語としてのルサンチマンは、もともとはニーチェが用いたものです。ニーチェによると、弱者は実際には強者にかなわないことから、想像上で復讐しようとします。その際に抱く感情をルサンチマンと呼んだのです。その意味では、怨恨あるいは負け惜しみに近いように思います。ニーチェは、これこそがキリスト教の道徳だといいます。そして、このような転倒した道徳を奴隷道徳と呼んで非難したのです。ルサンチマンを乗り越えよといいたかったのでしょう。

用例

自分が大手の会社に入れなかったからといって、あんな会社はよくないと理屈の通らない非難をするのは、ルサンチマンだね。

パラダイム

超訳　お手本となる型

解説

科学史家のトマス・クーンによると、パラダイムとは、科学の世界におけるその時代の常識を表すことになります。たしかに時代が変われば、科学全体を支える常識や前提も大きく変わって来ます。

そこから転じて、一般に時代の常識や前提が大きく変わることをパラダイムシフトと呼んでいるのです。どんな分野においても、常識とされている認識や思想、あるいは価値観があるものです。

用例

新しいビジネスを始めたいなら、まずパラダイムシフトが起こっている事実に敏感になる必要がある。

リベラリズム

超訳 中立な立場から判断する思想

解説

リベラリズムは政治哲学の基本用語で、一応自由主義と訳すことができます。個人の自由を尊重する思想を指すからです。最も、自由主義は多義的で、もともとは、生命・自由・財産という人が生まれながらにして有している自然権を、権力の恣意的な行使から守るべきだという思想から始まっています。

その後、19世紀のJ・S・ミルは古典的自由主義の内容を、他人に危害を加えない限り自由は保障されるという形で表現しました。ここからもわかるように、リベラリズムは価値の中立性を意味しています。

用例

ビジネスにおいても、伝統を押し付けるのではなくて、リベラルな姿勢が大事だよ。

中庸

超訳

ほどほど

解説

中庸というのは、ほどほどという意味です。中国思想の中では、たとえば孔子がこれを説いており、過不足のない適度な態度を保つことを指しています。また、古代ギリシアでもメソテースという用語で同じことが唱えられていて、これも通常、中庸と表記します。

たとえばアリストテレスの場合、それは推奨されるべき人間の徳であるとさえ主張しています。

用例

生き馬の目を抜くビジネスの世界で、中庸を維持するのは至難の業《わざ》だ。

弁証法

超訳

第三の道を創造する方法

解説

弁証法については、一般的にヘーゲルのそれを指します。ヘーゲルの場合、問題が生じたときに、それを克服してさらに一段上のレベルに到達する思考方法を弁証法と呼びました。これによって一見相容れない2つの対立する問題を、どちらも切り捨てることなく、よりよい解決法を見出すことができるのです。いわば第三の道を創造するための方法なのです。具体的には、「正→反→合」、あるいはドイツ語で「テーゼ→アンチテーゼ→ジンテーゼ」などと表現されます。

用例

プロジェクトを続けるのか、それとも完全に撤退するのかという二者択一の議論では埒が明かないので、弁証法的に答えを見出す必要があるね。

エートス

超訳

習慣によって培われた精神

解説

古代ギリシアのアリストテレスは、人間の徳には知性によって育まれるものと、習慣によって育まれるものがあると主張しました。このうち知性による徳は学習によって鍛えることができますが、習慣による徳はそういうわけにはいきません。それは日々の生活の中で、実践を通して自然に磨かれていくものなのです。これがエートスにほかなりません。このように、エートスとは、ある社会の中で繰り返される習慣によって培われる精神のことなのです。

用例

消極的だと批判する人がいるけれど、やはりビジネスにおいても謙虚さは日本人にとってのエートスといえるんじゃないかなぁ。

コギト・エルゴ・スム

超訳　確かなのは自分の意識だけ

解説

これは近世フランスの哲学者デカルトの思想の根幹を成す用語で、「我思う、ゆえに我あり」という意味のラテン語です。彼は、真理を発見するために、あらゆるものを疑っていきました。目に見えるものはもちろん、夢さえも疑ったのです。こうした思考法を「方法的懐疑」といいます。

その結果、疑うという行為をしている自分の意識だけはどうしても疑いきれないことに気づいたのです。

用例

最後は自分を信じるしかないよ。コギト・エルゴ・スム——「我思う、ゆえに我あり」ってことさ。

コスモポリタニズム

超訳

国家ではなく個人単位で物事を考える立場

解説

コスモポリタニズムは、あえて訳すと世界市民主義というふうに表現できるでしょうか。いわば国家の枠を越えて、世界全体を人間が住む共通の場所ととらえる立場です。このような発想をすることで、国家単位ではなく、個人単位で正義や幸福を考えることが可能になります。現代では、貧困問題をはじめとしたグローバルな正義を実現するための政治思想として、国家単位ではなく個人を主体に正義を考えるコスモポリタン・リベラリズムが唱えられています。

用例

このグローバルな環境でビジネスを展開していくには、国家単位ではなくて、コスモポリタニズムの発想が必要だと思う。

社会契約説

超訳

人民が契約によって国を支配するための理屈

解説

絶対王政の時代、王は神から支配する権利を与えられたとする王権神授説を唱えていました。その理論に対抗するために考えられたのが社会契約説だったのです。

したがって社会契約説とは、王様の絶対権力を否定して、人民が自分たちで契約に基づいて国を作ろうとする理論の総称です。

歴史的には、ホッブズ、ロック、ルソーらの理論が有名です。

用例

西洋でよく見られるように、自分が国家の担い手だという発想は、社会契約説に基づいているんだ。

アプリオリ・アポステリオリ

超訳

経験なしに／経験に基づいて

解説

アプリオリ、アポステリオリというのは、共にカントの用語です。アプリオリとは、なんの前提もなしに、それのみで物事を説明できるという意味です。これに対して、アポステリオリとは、経験から説明できるという意味です。

通常、物事は経験があってはじめて理解できるものです。したがって、アポステリオリは私たちが日ごろ物事を理解するやり方だと思ってもらえばいいでしょう。しかしカントによると、ある種の事柄は経験なしに説明することができるというのです。

用例

ビジネスの世界では、そう簡単にアプリオリに答えが出るものではないと思うよ。

プラグマティズム

超訳
役立つ知識に価値を置く考え方

解説

プラグマティズムとは、ギリシア語で行為や実践を意味するプラグマに由来する用語で、実用主義などと訳されます。唯一のアメリカ発の思想といってもいいでしょう。最初にプラグマティズムを唱えたのは、C・S・パースです。このパースの創設したプラグマティズムを発展させたのが、ウィリアム・ジェームズです。

こうしてより実践的な思想として発展したプラグマティズムは、ジョン・デューイによって完成されます。デューイは、知識を人間の行動に役立つ道具としてとらえたのです。この思想は道具主義と呼ばれます。

用例

特にアメリカ人は、仕事をする際、プラグマティックに物事を考える傾向がある。

観念論

超訳

世界は私達が頭の中で作り上げたものだとする考え方

解説

観念論とは、物事の存在が私たちの主観、つまり認識に基づくものであるという考え方です。この考えに従うと、世界は私達が頭の中で作り上げたものにすぎないということになります。

つまり、観念論を徹底すると、世の中の存在はすべて観念の集合体であるということになるのです。そうすると、すべては人間が作り上げたものなのだから、人間に理解できないものなどないという結論になります。

用例

現実的な問題が渦巻くビジネスの日常では、観念論的な頭でっかちの発想では太刀打ちできない。

構造主義

超訳

何でも仕組みで考える立場

解説

構造主義とは、物事や現象の全体構造に目を向けることで、本質を探ろうとする思想です。ソシュールの言語学に始まり、1960年代、文化人類学者のレヴィ＝ストロースによって広められました。その基本的な発想は、現象の部分に理由を求めるのを止め、全体を構造として見ようとするものです。たとえば、構造に目を向けた結果判明した例として最も有名なのが、レヴィ＝ストロースの交叉イトコ婚の例です。

用例

どんなビジネスも、木を見て森を見ずでは成功できない。もっと構造主義的に見ることが必要だ。

功利主義

超訳

行動原理として快楽や幸福を重視する立場

解説

功利主義とは、行為の善悪の判断を、その行為が快楽や幸福をもたらすか否かに求める倫理観のことです。イギリスの思想家ジェレミー・ベンサムによって唱えられました。

この原理を社会に適用すると、社会の幸福とは一人ひとりの幸福を足し合わせたものだということになります。それが「最大多数の最大幸福」という有名なスローガンによって表現されている内容です。

用例

多少の犠牲が出ても儲かればいいだなんて、君は徹底した功利主義者だね。

実存主義

超訳

自分で人生を切り開く生き方

解説

実存主義とは、一言でいうと自分で人生を切り開く生き方のことです。様々な思想家がこれを唱えていますが、その典型ともいえるのがサルトルの思想です。サルトルによると、人間とはすでにある何らかの本質に支配された存在では決してなく、自分自身で切り開いていくべき実存的存在にほかならないということになります。彼はこれを「実存は本質に先立つ」と表現しました。実存というのは存在のことで、本質というのは予め決められた運命みたいなものです。

用例

先が読めない時代だからこそ、人任せにしていては決して前に進めない。実存主義的に自分で道を切り開いていくしかないんだ。

唯物史観（史的唯物論）

超訳

経済が歴史を動かすとする説

解説

唯物史観とは、マルクスとエンゲルスによる独自の社会観あるいは歴史観のことです。マルクスらは、社会や歴史の基礎をなすものとして、物質的生産活動を位置づけます。そのうえに法律や政治といった制度が成立しているととらえているのです。

したがって、生産力が生産性の向上によって生産関係にそぐわなくなったとき、その矛盾を原動力として、歴史も次の段階へと進展すると考えたのです。具体的には、原始共産制、奴隷制、封建制、資本主義、社会主義、共産主義と展開していきます。

用例

「政治も思想も法律も、結局はその時代の経済次第で決まってきたんだ」なんて、君は唯物史観に立っているわけだね。

脱構築

超訳

一からつくり直すこと

解説

脱構築とは、デリダの用語で、一からつくり直すことを意味します。デリダは、西洋近代の哲学体系に特有の態度を解体しようとしました。それが脱構築という概念にほかなりません。ここには、構造物を解体し、構築し直すという意味が込められていました。つまり、単に解体するだけではなく、構築し直すという点が重要なのです。脱構築とは、既存の物事のあり方を解体し、一から新たな形に構築し直すことを表しているのです。

用例

転職するのはリスクがあるけれど、人生を変えるにはそれしかないんだ。脱構築することでいい方向に行くこともあると思うから。

定言命法

超訳

無条件の義務

解説

定言命法は、ドイツの哲学者カントによる道徳の原理で、正しい行いに関する無条件の義務を指します。その反対が、条件によって行動が左右される仮言命法です。

カントは、定言命法について次のように定式化しています。「あなたの意志の基準が、常に皆の納得する法則に合うように行為しなさい」と。つまり、私たちの行為の基準は、誰が採用しても不都合や矛盾の生じない、常に当てはまる原則に基づいたものでなければならないという意味です。

用例

われわれが時に損得を考えることなしに商売をするのは、誰しも定言命法を正しいと思っているからではないだろうか。

おわりに　グローバル人材のための教科書として

ここまで一気に哲学の基礎知識を紹介してきましたが、なんとなく教養が身についたような気がしませんか？　たしかに一つひとつの項目は見開き程度ですから、そう深くは論じていません。二千数百年の分の知のストックを1冊に凝縮させるには、これが最適の方法だと思ったからです。

何より、最初はこの程度で十分だと思います。いきなり古典を読んでも理解できないように、哲学の解説書でも難解なものはやはり理解できないのです。本書の対象としては、哲学を専門に学ぶ人ではなく、あくまで教養としての哲学を身につけたいと考えるビジネスパーソンやこれから社会に出る学生を想定しています。ですから、一気に大量の知識をインプットしてもらうほうが役に立つと思ったからです。しかも、**知識の定着には、同じ内容を違った視点から繰り返し認識するのが有効です。**

もし哲学に関心が出て、さらに深く教養を深めたいと思った人は、次のステップに進んでいただければいいでしょう。本書のレベルの知識があれば、どんな難解な解説書にも、そして古典にも挑戦することは可能だと思います。本書で紹介した必須の古典を実際に読んでもらってもいいと思います。

そうして知識を修得した後は、実践に移らなければなりません。哲学は使わないと意味がないからです。哲学の知識を使って物事の本質を見出す。それによってビジネスや人生を成功させる。そのためのツールを提供するのが本書の真の目的です。

今盛んにグローバル人材育成の必要性が叫ばれますが、グローバル人材とは、英語ができることを意味するわけではないのはもちろんのこと、単に世界に通用する知識があることを意味するわけでもありません。それらは必要条件です。むしろ世界に通用する知識を駆使し、自分の頭で物事を考えることができる人をいうのです。

考える学問としての哲学がグローバル人材に最適な理由は、この点にあります。**私自身、「哲学という教養」を身につけて以来、自分の頭でしっかりと物事を考えるようになりました。**その結果、どこの国の人たちと議論をしても、きっちりと自分の意見をいえるようになったのです。そして人生のステージは一気に世界へと開かれました。だからこそ皆さんにも、今哲学を身につけていただきたいと思うのです。

私は、本書をグローバル人材のための教科書のつもりで執筆しました。どの科目もそうですが、教科書にすべての答えが書かれているわけではありません。教科書で学んだことをベースに、問題を解き、自分で答えを導き出す必要があるのです。数学なら問題集をたくさん解くように。**哲学の場合、問題集は日常生活やビジネスシーンそのものです。つまり日常の実践が問題を解く場なのです。**

2020年の東京オリンピック開催といったような短期的な話にとどまらず、この国はいよいよ本格的なグローバル化を迎えようとしています。そのために、遅ればせながら大学でもグローバル人材育成に向けた大改革を始めました。多くの大学が、こぞって国際と冠する学部を新設したりしています。ただ、問題はそこで何をどう教えるかです。

実は私も、春から本格的にグローバル教育に乗り出します。ある大学のグローバル教育を行うために新設される学部に招かれたのです。グローバル人材の育成は、今私が最も関心を寄せている事柄です。とりわけ西洋哲学の知識と、さらに日本人として日本思想に関する知識を十分に持ち備えた人材を育てる必要があると感じています。

もちろん先ほども書いたように、それを単に知識として修得させるだけでなく、多様性の中で自分の意見を明確に発信するためのツールとして身につけさせる必要があります。そうすると必然的に、教育方法も実践的なものとならざるを得ません。共に考え、議論する。そんな授業が増えてくるものと思われます。教師が教壇で一方的に話すだけの従来の日本式の授業ではだめです。あれはインプットしか念頭においていないやり方です。もしアウトプット、つまり思考と議論を念頭におけば、教師は必然的に教室の真ん中へと歩き出すことでしょう。私もそうするつもりです。

さて、本書の執筆に当たっては、多くの方々に大変お世話になりました。とりわけ4度目の共同作業として、今回も構想の段階から完成に至るまで粘り強く支えてくださったPHPエディターズ・グループの田畑博文さんには、この場をお借りしてお礼を申し上げたいと思います。最後に、本書をお読みいただいたすべての方に改めて感謝を申し上げます。

平成27年1月　小川仁志

ブックデザイン　西垂水敦＋平山みな美（ｔｏｂｕｆｕｎｅ）

小川 仁志（おがわ・ひとし）

哲学者。徳山工業高等専門学校准教授。米プリンストン大学客員研究員（2011年度）。1970年、京都府生まれ。京都大学法学部卒業後、伊藤忠商事に入社。退職後、4年間のフリーター生活の後、名古屋市役所入庁。市役所に勤務しながら名古屋市立大学大学院にて博士号取得（人間文化）。商店街で「哲学カフェ」を主宰するなど、市民のための哲学を実践している。専門は公共哲学、政治哲学。

著書に『人生が変わる哲学の教室』（KADOKAWA）、『はじめての政治哲学』（講談社現代新書）、『7日間で突然頭がよくなる本』（PHPエディターズ・グループ）、『超訳「哲学用語」事典』（PHP文庫）などがある。

世界のエリートが学んでいる
教養としての哲学

二〇一五年三月十二日　第一版第一刷発行
二〇一五年五月　一日　第一版第三刷発行

著　者　小川仁志
発行者　清水卓智
発行所　株式会社ＰＨＰエディターズ・グループ
〒一〇二―〇〇八二　千代田区一番一六
☎〇三―三二三七―〇六五一
http://www.peg.co.jp/
発売元　株式会社ＰＨＰ研究所
東京本部　〒一〇二―八三三一　千代田区一番町二一
普及一部　☎〇三―三二三九―六二三三
京都本部　〒六〇一―八四一一　京都市南区西九条北ノ内町一一
PHP INTERFACE　http://www.php.co.jp/
印刷所
製本所　図書印刷株式会社

ISBN 978-4-569-82382-9